Sammlung Göschen Band 1142

Shakespeare

Von

Prof. Dr. Paul Meißner †

Zweite Auflage

bearbeitet von

Dr. Martin Lehnert

ord. Professor an der Humboldt-Universität, Berlin

Walter de Gruyter & Co.

vormals G. J. Göschen'sche Verlagshandlung · J. Guttentag, Verlagsbuchhandlung · Georg Reimer · Karl J. Trübner · Veit & Comp.

Berlin 1954

Archiv-Nummer 11 11 42
Druck: Deutsche Zentraldruckerei AG, Berlin SW 11
Printed in Germany

INHALT

Einleitung: Das Theater Shakespeares

Die Notwendigkeit, Shakespeare aus seiner Zeit heraus zu begreifen, verpflichtet dazu, das Problem zu erörtern, ob der Dichter für die Bühne oder für ein Lesepublikum geschrieben habe. Goethes Wort, daß Shakespeare durch Aufführung nur vergröbert werde, kann nicht verbindlich sein, denn es ist aus goethischem Bildungsbewußtsein heraus gesprochen und nicht im Hinblick auf die elisabethanische Theaterkultur. Auch daß in England Shakespeare tatsächlich bis in die jüngste Zeit hinein viel stärker vom Buche als von der Bühne aus vermittelt worden ist, gibt uns nicht das Recht, vom Ausgangspunkte abzugehen. Es kann keinem Zweifel unterliegen, daß Shakespeare in erster Linie für das Theaterpublikum seiner Zeit geschrieben hat Der unmittelbare Eindruck des Hörens und Schauens ist ihm stets die Hauptsache.

Die nahe Beziehung Shakespeares zur Bühne geht aus zahlreichen Anspielungen in seinem Werk hervor. Zugrunde liegt ein Theater, das aus dem Wirtshaushof entstanden war. An seiner Hinterwand war die Bühne aufgeschlagen, seine Galerie diente als Oberbühne, während der Hof selber den Zuschauerraum darstellte. Hier haben wir das Vorbild für das erste feste Theater, das 1576 von James Burbage erbaut wurde und „The Theatre" hieß. Dieser runde, offene Holzbau ist der Anfang einer ganzen Reihe von Theaterbauten, die zunächst auch als Arena für Tierkämpfe dienen. Es sind „The Curtain" (1577), „The Rose" (1587) und „The Swan" (1595), der größte von ihnen, über den eine Zeichnung des Holländers De Witt in seinem Reisebericht vorliegt. Die nunmehr festliegende Grundform mit kleiner Vorderbühne, großer Hinterbühne und erhöhter Oberbühne, mit Zuschauergalerien und einem breiten Stehraum für die einfachen Zuschauer („Gründlinge") wird zum Schema des elisabethanischen Theaters, ohne das das Werk Shakespeares nicht zu verstehen ist. Sein eigentliches Theater war das „Globe Theatre", das 1599 aus dem Baumaterial des 1598 abgerissenen „Theatre“ errichtet wurde und über dem Giebel die Inschrift trug: 'Totus mundus agit histrionem'. Nachdem Shakespeare anfangs Schauspieler und Dramenschreiber in der von Richard Burbage, dem Sohn des Theatererbauers James Burbage, geleiteten Truppe war, wurde er jetzt einer der Leiter und Mitbesitzer des Globe-Theaters. Als geschäftstüchtiger Mann erwarb er mit seinen bedeutenden Einnahmen wertvollen Grundbesitz in seinem Heimatort Stratford, wohin er sich später zurückzog.

Im Jahre 1613 brannte das Theater bei einer Aufführung von „Henry VIII“ ab, wurde dann zwar noch einmal wieder aufgebaut, aber während der Puritanerherrschaft endgültig abgerissen (1644). Heute besteht der Plan, es wieder an der alten Stelle zu errichten. Seit 1609 spielten Shakespeare und seine Truppe auch im „Blackfriars Theatre“ (1596), das anfänglich im wesentlichen für die Aufführungen der Knabenspieler gedient hatte.

Diese 'Boy Actors' spielen im Drama der Shakespearezeit eine wesentliche Rolle. Die Einrichtung der 'Boys' Companies' geht bis in das Mittelalter zurück, wo die Chorknaben den Geistlichen bei den Aufführungen halfen. Im Zeitalter Elisabeths wurde das Theaterspiel ein wichtiges Erziehungsmittel auf Schule und Universität. Begabte Knaben pflegte man in die Dienste bekannter Schauspieler zu geben, die sie auf die Bühnenlaufbahn vorzubereiten hatten. Die 'Boy Actors' spielten entweder in geschlossenen Aufführungen wie die Knaben der St. Paul's School, oder sie übernahmen die weiblichen Rollen in den Dramen; denn erst im 17. Jahrhundert konnten sich die Frauen auf der Bühne durchsetzen, so sehr auch gerade die Puritaner gegen die Knabenschauspieler Einspruch erhoben (die erste Schauspielerin auf einer öffentlichen Bühne war Margaret Hughes, die am 8. Dezember 1660 als Desdemona auftrat). Die Shakespeareschen Verwechslungskomödien wie „The Two Gentlemen of Verona“ oder „Twelfth Night“ bekamen ohne Zweifel dadurch noch einen gesteigerten Reiz, daß Frauen, die in Wahrheit Knaben waren, sich als Männer verkleiden mußten, wie überhaupt das Problem der Frauencharaktere bei Shakespeare in seiner psychologischen Gestaltung nicht unbeeinflußt durch die hier geschilderten Verhältnisse gewesen sein dürfte.

Shakespeares Stücke wurden im wesentlichen in den öffentlichen Theatern gespielt; aber wir wissen auch von einer Reihe von Aufführungen mehr privater Art, sei es auf der Bühne der Juristengilden, die sich in hohem Grade die Theaterpflege angelegen sein ließen, sei es in den Häusern der Adligen, wo bei besonderen Gelegenheiten Festaufführungen mit viel größerem Luxus an Dekorationen veranstaltet wurden, als es auf der schlichten, der Phantasie des Zuschauers weiteste Entfaltungsmöglichkeiten gebenden, öffentlichen Bühne der Fall war. Auch die Hofaufführungen, zu denen Shakespeare später immer häufiger zugezogen wurde, boten Gelegenheit zu prachtvollen Inszenierungen. Wenn man sich auch die öffentliche Bühne nicht ganz so kahl vorstellen sollte, wie es die Zeichnung des Holländers De Witt nahelegt, so erfolgte doch erst allmählich unter dem Einfluß Italiens eine entscheidende Umbildung, obwohl die alte Bauform (Arenatyp) noch lange nachwirkte. Jedoch gab schon die mit dem „Blackfriars Theatre" durchgeführte Bedachung die Möglichkeit größerer Inszenierungen, die den Weg in das Barocktheater vorbereiteten.

Shakespeare hat dem Schauspielerstande, dem er selbst angehört hat — er hat z. B. die Rolle des Geistes in „Hamlet" sowie die Titelhelden in „Richard II.", „Henry IV." und „Henry VI." gespielt —, größte Anteilnahme entgegengebracht. Die Unterhaltung, die er Hamlet mit den Schauspielern führen läßt, wirft ein Schlaglicht auf die bestehenden Verhältnisse. Dieser Stand, der von den Puritanern leidenschaftlich befehdet wurde, kämpfte mühselig um soziale Anerkennung. Er wurde unter die Vagabunden gerechnet (vgl. das Gesetz von 1545), und nur diejenigen Schauspieler, die zum Haushalt eines Adligen gehörten, ursprünglich ohne Zweifel als Ersatz für die Gaukler und Possenreißer einer früheren Kulturstufe, bekamen allmählich ein höheres Ansehen, wie man aus dem für die damaligen Theaterverhältnisse sehr aufschlußreichen Stück „Sir Thomas More" sehen kann. Aus diesen Anfängen heraus entwickelten sich die von einem Adligen finanzierten, sonst aber völlig unabhängigen Schauspielerorganisationen der Elisabethzeit, die ganz kapitalistisch ausgerichtet waren und den einzelnen Schauspieler zum Aktionär der Gesellschaft machten. Man mietete als geschlossene Gruppe für bestimmte Aufführungen eines der Theater, geriet allerdings häufig, ähnlich wie die Dramatiker selber, in drückende Abhängigkeit von dem Besitzer. Diese Notlage hat namentlich der Erbauer des „Rose"- und „Fortune"-Theaters, der Theateragent Philip Henslowe, auszunutzen verstanden, dem ein immer größerer Prozentsatz der Schauspieler verschuldet wurde. Eine der frühesten und angesehensten Gesellschaften war die des Grafen Leicester, die sich nach dessen Tode seit 1594 Truppe des Lord Chamberlain (Henry Lord Hunsdon) nannte. Ihr gehörten außer Shakespeare der große Tragöde Richard Burbage, der als der größte Schauspieler seiner Zeit galt, mit seinen Glanzrollen Othello und Hamlet an, der Sohn des Erbauers des „Theatre"; ferner John Heminge und Henry Condell, die Herausgeber der ersten Folioausgabe, und William Kempe, der bekannteste Komiker jener Zeit.

Die Aufführungen der Dramen pflegten nachmittags gegen zwei Uhr zu beginnen und etwas über zwei Stunden zu dauern. Ein Trompetensignal kündete den Anfang der Vorstellung an, die zunächst pausenlos durchgespielt, später durch musikalische Einlagen unterbrochen wurde; Prolog und Epilog rahmten das Stück ein, und eine Art Tanz (jig) am Schlusse war dazu bestimmt, auch der Tragödie einen heiteren Ausklang zu geben. Zu seinem Publikum hatte Shakespeare ein überaus persönliches Verhältnis. Ihm zeigt er die vornehme Welt, die damals auf der Bühne genau so gern gesehen wurde wie heute im Film; und wenn auch seine großen und reifen Werke in ihrem gedanklichen Gehalt nicht von allen erfaßt wurden, gefallen haben sie allen, weil sie stets bühnenwirksam waren, schon allein durch den Verzicht auf das klassische Formprinzip, das eine reinliche, aber starre Scheidung zwischen Tragödie und Komödie verlangte.

Da Shakespeare nicht für den Druck schrieb, sondern für die Bühne, hat die Überlieferung der Texte von jeher besondere Aufmerksamkeit beansprucht. A. W. Pollard („Shakespeare's Folios and Quartos", 1909) hat nachgewiesen, daß die Manuskripte, die der Drucker in die Hand bekam, Souffleurbücher waren, denen vielfach Shakespeares handschriftliche Aufzeichnungen zugrunde lagen (Good Quartos). Daneben bestanden andere Quartos, die entweder auf stenographischen, während der Aufführung gemachten Notizen beruhten oder von Schauspielern in der Provinz angefertigt worden waren, die durch den Verkauf dieser aus dem Gedächtnis mehr oder minder unvollkommen niedergeschriebenen Stücke an Londoner Drucker Geld zu verdienen suchten (Bad Quartos). Die Auffassung, daß ganze Dramen Shakespeares während ihrer Aufführung nach den damals eben aufgestellten Kurzschriftsystemen „Characterie" (1588) von Timothy Bright, „Brachygraphie" (1590) von Peter Bales oder „Stenographie" (1602) von John Willis mitstenographiert worden seien und die Grundlage für die vielen Shakespeareschen Raubdrucke gebildet hätten, ist in neuerer Zeit als phantastisch zurückgewiesen worden. Da kaum ein moderner Stenograph mit modernen Schreibutensilien imstande sein dürfte, die oft erregt und überstürzt gesprochenen Worte eines Shakespeareschen Dramas vollständig mitzuschreiben, erscheint es unglaubwürdig, daß dies englischen Stenographen jener frühen Zeit mit dem Federkiel — und noch dazu unbemerkt — gelungen sei. Prof. Duthie hat diese Legende unlängst endgültig zerstört.

Von Shakespeares Dramen sind nur neunzehn in Quartformat gedruckte Einzelausgaben überliefert, während die übrigen siebzehn Dramen in den Händen der Schauspielertruppe blieben, bis sie schließlich nach dem Tode des Dichters von zwei seiner Schauspielerkollegen insgesamt veröffentlicht wurden.

Die erste Gesamtausgabe der Werke Shakespeares ist die im Jahre 1623 erschienene Folioausgabe, die von Heminge und Condell besorgt wurde. Sie hatten William Jaggard mit dem Drucke beauftragt, da dieser schon mehrfach Dramen Shakespeares herausgebracht hatte, ohne Zweifel aus reinem Geschäftstrieb, denn der Druck der Werke des berühmten Dramatikers muße sehr lohnenswert erscheinen, wobei er es freilich nicht allzu genau mit dem Namen Shakespeare genommen hatte und auch manche unechten Werke veröffentlichte. So sehr das seinem Ruf geschadet hat — Swinburne hat ihn als 'infamous pirate, liar, and thief' bezeichnet —, so bedeutsam ist sein Verdienst, 1623 eines der wertvollsten Bücher der englischen Sprache der Öffentlichkeit übergeben zu haben. Die meisten in der Folioausgabe zuerst abgedruckten Dramentexte beruhen wohl wie die guten Quartausgaben auf Souffleurbüchern und entsprechen somit der tatsächlichen Bühnenfassung. Doch ist die Echtheitsfrage nicht in allen Fällen geklärt.

Auf die Folioausgabe von 1623 sind im 17. Jahrhundert noch drei weitere gefolgt (1632, 1664, 1685), die nicht mehr den kritischen Wert der Ausgabe von 1623 besitzen. Mit jeder dieser Folioausgaben nahmen die Druckfehler, falsche Interpunktion, Verwechslung von Vers und Prosa und die willkürlichen Änderungen zu, so daß zu Anfang des 18. Jahrhunderts der Dramenschreiber Nicholas Rowe (1674—1718) daran ging, in Anlehnung an die Sprache seiner Zeit eine verbesserte, verständlichere und billigere Shakespeare-Ausgabe zu veröffentlichen (1709). Da er sich auf die vierte und zugleich schlechteste Folio von 1685 (unter Heranziehung einiger Quartos) stützte, nahm er auch die unechten Stücke der Folio von 1664 auf. Jedem Drama stellte er nunmehr ein Personenverzeichnis (Dramatis Personæ) voran, während die Folios nur acht solcher Listen enthielten. Er teilte die Stücke in Akte und Szenen ein gemäß der Bühnenpraxis seiner Zeit, die sich von der elisabethanischen sehr unterschied. Rowes bisweilen ungerechtfertigte Einteilung gilt im wesentlichen bis auf den heutigen Tag. In einer zweiten Ausgabe von 1714 gab er einleitend die erste Shakespeare-Biographie.

Literatur:

W. Ebisch und L. L. Schücking, A Shakespeare Bibliography (Oxford, Clarendon, 1931). Ergänzungsheft: A Supplement for the Years 1930—1935 (Oxford 1937). — „The Cambridge Bibliography of English Literature“ 1940, vol. I, pp. 539—608. — H. Lüdeke, Shakespeare-Bibliographie für die Kriegsjahre 1939 bis 1946 (England und Amerika). In: „Archiv für das Studium der neueren Sprachen“, Bd. 187 (1950), S. 25—37. — J. W. Kindervater und E. Thurmann, Shakespeare-Bibliographie für 1947 und 1948 (in: „Shakespeare-Jahrbuch“ Bd. 89, 1953, S. 247—298). — E. Th. Sehrt, Die Shakespeareforschung 1937—1952 in Deutschland und in der Schweiz (in: „Anglia“, Bd. LXXI, 1952). — U. Ellis-Fermor, English and American Shakespeare Studies 1937—1952 (in: „Anglia“, Bd. LXXI, 1952, S. 1—49). — Die neueste (allerdings nur die eingesandte) Literatur verzeichnet seit 1948 jährlich der „Shakespeare Survey, An Annual Survey of Shakespearian Study and Production“ (bisher 6 Bde., Cambridge UP., 1948—1953). — Auch die anderen großen anglistischen Fachzeitschriften veröffentlichen laufend unter einer besonderen Rubrik „Shakespeare“ jährlich die neuesten Veröffentlichungen, so die „Annual Bibliography of English Language and Literature“ (seit 1920), „Review of English Studies“ (seit 1925),

„Studies in Philology“ (seit 1906), „The Year's Work in English Studies“ (seit 1920), das „Shakespeare-Jahrbuch der Deutschen Shakespeare-Gesellschaft“ (seit 1865).

Shakespeare-Jahrbuch. Herausgegeben im Auftrage der Deutschen Shakespeare-Gesellschaft 1919—1942 von W. Keller, 1943—1948 von M. Deutschbein (Weimar, Böhlau), 1949—1953 von H. Heuer (Heidelberg, Quelle & Meyer).

W. W. Greg, Henslowe's Diary (2 vols., London 1904 und 1908). — Henslowe Papers (London 1907).

F. E. Schelling, Elizabethan Drama: 1558—1642 (2 vols., London 1908 und 1911).

V. E. Albright, The Shakespearian Stage (Columbia UP., 1909).

A. W. Pollard, Shakespeare's Folios and Quartos (London, Methuen, 1909).

W. Creizenach, Geschichte der neueren Dramas (Bd. 4 und 5, Halle, Niemeyer, 1909 und 1916).

A. H. Thorndike, Shakespeare's Theatre (New York 1916).

J. Q. Adams, Shakespearean Playhouses (Boston 1917).

E. K. Chambers, The Elizabethan Stage (4 vols., Oxford 1923).

W. W. Greg, Dramatic Documents from the Elizabethan Playhouses (2 vols., Oxford 1931).

M. Ch. Linthicum, Costume in the Drama of Shakespeare and his Contemporaries (Oxford 1936).

W. R. Davies, Shakespeare's Boy Actors (London, Dent, 1939; New York 1941).

G. W. Knight, Principles of Shakespearian Production (Oxford UP., 1936, new ed. 1949).

A. Harbage, Shakespeare's Audience (New York 1941).

A. C. Sprague, Shakespeare and the Actors (Harvard UP., 1944).

C. W. Hodges, Shakespeare and the Players (London, Benn, 1948).

Brents Stirling, The Populace in Shakespeare (London, Cumberlege, 1949).

G. I. Duthie, Elizabethan Shorthand and the First Quarto of „King Lear“ (Oxford, Blackwell, 1949).

H. Lüdeke, Shakespeares Globus-Theater (in: „Shakespeare-Jahrbuch“ 1950, S. 131—139).

K. J. Holzknecht, The Backgrounds of Shakespeare's Plays (New York—London, G. A. Noble, 1950).

Ronald Watkins, On Producing Shakespeare (London, Joseph, 1950; New York, Norton, 1951).

W. W. Greg, The Editorial Problem in Shakespeare: A Survey of the Foundations of the Text (Oxford 1951²).

A. S. Venetzky, Pageantry on the Shakespearean Stage, Illustrated (New York, Twayne, 1951).

Rudolf Stamm, Geschichte des englischen Theaters (Bern, Francke, 1951).

R. Flatter, Shakespeare, der Schauspieler (in: „Shakespeare-Jahrbuch“ Bd. 89, 1953, S. 35—50).

Erster Teil: Leben und Werk

Erstes Kapitel: Der Nachahmende (1592—1594)

a) Biographisches

Über das Leben Shakespeares, das in der Dichtung Symbol wurde, wissen wir nicht viel. Auf jeden Fall hören wir von dem Vater John Shakespeare zuerst, als er Ende April 1552 in Stratford wegen eines vorschriftswidrigen Dunghaufens vor seiner Tür in Henley Street mit einer Geldbuße von 1 s belegt wurde. Die Familie wird wahrscheinlich erst wenige Jahre vorher in die aufblühende Mittelstadt Warwickshires gezogen sein. Keltisches Blut, ohne das das große Leidenschaftsdrama des Dichters nicht recht zu erklären wäre, ist ohne Zweifel in dem Geschlecht vorhanden, das aus einem Landschaftsbezirk stammt, in dem Waliser, Römer und Engländer zusammengetroffen sind. Nachgewiesen ist das freilich nicht, ebensowenig wie die Vermutung, daß die Vorfahren des Dichters nach Wilhelm dem Eroberer aus der Normandie nach England gekommen seien (J. Q. Adams). Nach dem Stand der Dinge müssen wir uns damit begnügen, in Shakespeare „a trueborn Englishman" aus achtbarem Bauerngeschlecht im Herzen Englands zu sehen (Hoops). Die Mutter Mary Arden, seit 1557 mit John vermählt, stammt aus einer alteingesessenen, wohlhabenden Familie, die dem kleinen Landadel angehörte, ebenfalls aus Warwickshire, das mit seinen historischen Erinnerungen und mit seinem Brauchtum in Shakespeares Werk immer wieder lebendig wird. Die ältesten Kinder aus der Ehe starben früh; William war der erste Sohn und wurde am 26. 4. 1564 getauft, so daß als Geburtsdatum der 23. April angenommen werden darf.

Er wuchs in einer Familie auf, die zu den angesehenen der Stadt gehörte. Der Vater, der wahrscheinlich zuerst den Beruf eines Handschuhmachers betrieb, sein Gewerbe dann aber auch auf andere Lederwaren ausdehnte, saß im Rate der Stadt. Die Erziehung des jungen William ist ohne Zweifel die bestmögliche gewesen. Auf der Grammar School kam er mit dem antiken Bildungsgut der Zeit in Berührung, und darüber hinaus bot Stratford mit seiner Nachbarschaft zu Oxford reiche Bildungsmöglichkeiten und auch eine frühe Berührung mit dem Theater. Dieses lernte er als 'local drama' oder vermittelt durch umherreisende Theatergesellschaften kennen, wenn auch der puritanische Charakter der Stadt eine wirkliche Theaterfreudigkeit nicht zuließ.

Das nächste sichere Datum im Leben Shakespeares ist der 27. November 1582, wo er vom Bischof von Worcester die Genehmigung erhielt, Anne Hathaway zu heiraten, die Tochter eines Grundbesitzers aus Shottery, die acht Jahre älter als er war. Eine Tochter Susannah wurde im Mai 1583 getauft, zwei weitere Kinder, die Zwillinge Hamnet und Judith, empfingen die Taufe im Februar 1585. Welchen Beruf Shakespeare in Stratford ausgeübt hat, steht nicht fest. Die frühere Auffassung, daß er wie sein Vater Schlächter gewesen sein soll, ist nicht zu beweisen; dagegen besteht die Möglichkeit, daß er eine Zeitlang Lehrer war.

Seit 1577 scheint in den Verhältnissen der Familie ein Wandel eingetreten zu sein. Der Vater zieht sich immer mehr aus der Öffentlichkeit zurück, was offenbar mit religiösen Schwierigkeiten zusammenzuhängen scheint. In diesem Jahre war John Whitgift Bischof von Worcester geworden, zu dessen Bezirk Stratford gehörte, ein strenger Anglikaner, der die Puritaner und Katholiken gleich heftig bekämpfte. John Shakespeare kam auf die Liste der Rekusanten, d. h. derjenigen, die den anglikanischen Eid ablehnten, und mußte schließlich eine hohe Geldbuße zahlen, ein Beweis dafür, daß er nicht verarmt gewesen sein kann. Die Annahme, daß Shakespeare Katholik gewesen sei, ist nicht beweisbar, wenn natürlich auch die Gedankenwelt des alten Bekenntnisses der Vorfahren in ihm nachwirkte und manche Vorstellungen in seinem Werk erklärt.

Die meisten Jahre in Shakespeares Leben sind in Dunkel gehüllt. Wir wissen, daß er aus Stratford verschwand und sich nach London begab. Nicholas Rowe, der Herausgeber von Shakespeares Werken („Works of Shakespeare", 1709) erzählt, daß der junge William im Parke von Sir Thomas Lucy im benachbarten Charlecote beim Wildern angetroffen worden sei und deswegen aus seiner Heimat habe fliehen müssen. (Eine Anspielung auf Lucy in den „Merry Wives of Windsor" (I, 1) wird neuerdings nicht auf den Stratforder Wildparkbesitzer, sondern auf einen Londoner Friedensrichter Gardiner bezogen.) Es ist auch durchaus möglich, daß kein besonderer Anlaß ihn aus Stratford vertrieb, sondern die Sehnsucht nach der Großstadt, die der

Entfaltung seiner Neigungen viel bessere Möglichkeiten bot als sein kleiner Heimatort. In London erwachte sein historischer Sinn; hier erlebte er die großen nationalen Ereignisse und kam mit den vielen Menschen in Berührung, die er für die Gestaltung seiner Dramen brauchte. Aus kleinen Anfängen heraus ist Shakespeare hier zum führenden Dramatiker seiner Zeit geworden, dessen Ruhm weder von dem sterbenden Schriftsteller Robert Greene (vgl. S. 21) noch von dem neun Jahre jüngeren gelehrten Dichter Ben Jonson, der sich bisweilen zu abfälligen Äußerungen über seinen erfolgreichen Freund und Rivalen Shakespeare hinreißen ließ (vgl. jedoch S. 109), geschmälert werden konnte. Sein Ansehen und Einkommen waren derart gestiegen, daß seiner Familie das Recht verliehen wurde, ein Wappen zu führen (1596, bestätigt 1599), wodurch sie in den niederen Adel (gentry) aufrückte. Sein äußeres Streben hatte nach rund einem Jahrzehnt angestrengtester Arbeit die Erfüllung gefunden (nach London war er wohl um 1587 gekommen): Er war ein berühmter Dichter, Mitbesitzer am Globe- (wie später am Blackfriars-) Theater, ein Gentleman mit Grundbesitz und dem zweitgrößten Haus „New Place" in seiner Heimatstadt Stratford geworden (1597). Sein inneres Streben hielt ihn jedoch bei seiner Kunst weitere zwölf Jahre in London fest. Nur wenige ruhige Lebensjahre waren ihm danach noch im Kreise seiner Familie in Stratford vergönnt, wo er am 23. April 1616 starb.

Literatur:

W. Wetz, Die Lebensnachrichten über Shakespeare mit dem Versuch einer Jugend- und Bildungsgeschichte des Dichters (Heidelberg 1912).

A. Brandl, Shakespeares Leben — Umwelt — Kunst. Neue Ausgabe. (Berlin 1922, 1937[5]).

J. Q. Adams, A Life of William Shakespeare (London 1923 u. ö.).

W. Keller, Die englische Literatur der Renaissance. Handbuch der Literaturwissenschaft (Potsdam, Athenaion, 1928, S. 63 ff.).

H. Granville-Barker, Prefaces to Shakespeare (London, Sidgwick & Jackson, 1927—1935; repr. Princeton UP., 1946, 1947).

E. K. Chambers, William Shakespeare (Oxford, Clarendon, 1930, 2 vols., repr. 1948).

J. Dover Wilson, The Essential Shakespeare (Cambridge UP., 1932, repr. 1952).

John Drinkwater, Shakespeare (London, Duckworth, 1933).

G. A. Plimpton, The Education of Shakespeare (Oxford UP., 1933).

H. Granville-Barker and G. B. Harrison, A Companion to Shakespeare Studies (Cambridge UP., 1934).
Th. M. Parrott, William Shakespeare: A Handbook (New York 1934). Auch in der Einführung zu seiner kommentierten Ausgabe: Shakespeare, Twenty-three Plays and the Sonnets (New York, Scribner, 1938) enthalten.
K. Muir and S. O'Loughlin, The Voyage to Illyria (London, Methuen, 1937).
Leslie Hotson, William Shakespeare (London, Cape, 1937).
E. Fripp, Shakespeare, Man and Artist (2 vols., Oxford UP., 1938).
Peter Alexander, Shakespeare's Life and Art (London, Nisbet, 1939; repr. 1944, 1946).
Mark van Doren, Shakespeare (New York, Holt, 1939).
Hazelton Spencer, The Art and Life of William Shakespeare (London, Bell, 1939; repr. 1948) .
J. Hoops, Shakespeares Name und Herkunft (Sitzungsberichte der Heidelberger Akad. der Wiss., Phil.-Hist. Klasse Nr. 5, Heidelberg 1941). — Dazu: W. Horn, Der Name Shakespeare (in: „Archiv für das Studium der neueren Sprachen", Bd. 185, 1948).
L. Lemonnier, Shakespeare (Paris, Tallandier, 1943).
Joseph Gregor, Shakespeare (München, Piper, 1948).
Friedrich Gundolf, Shakespeare, sein Wesen und Werk (2 Bde., Godesberg, Küpper, 1949²).
Alfred Günther, Der junge Shakespeare: Sieben unbekannte Jahre (Stuttgart und Zürich 1949).
H. Mutschmann und K. Wentersdorf, Shakespeare und der Katholizismus (Speyer 1949). Subjektiv und unwissenschaftlich (vgl. „Shakespeare-Jahrbuch" 1952, S. 220).
T. W. Baldwin, William Shakspere's Small Latine & Lesse Greeke (2 vols., London 1944).
H. Fluchère, Shakespeare: Dramaturge élisabéthain (Toulouse 1948).
Hardin Craig, An Interpretation of Shakespeare (New York, The Dryden Press, 1948).
F. E. Halliday, Shakespeare and his Critics (London, Duckworth 1949).
K. Wentersdorf, Shakespeares erste Truppe (in: „Shakespeare-Jahrbuch" 1950, S. 114—130).
D. W. Clarke, William Shakespeare (London, Longmans, 1950).
G. I. Duthie, Shakespeare (London 1951).
Allardyce Nicoll, Shakespeare („Home Study Books", London, Methuen, 1952).
J. A. K. Thomson, Shakespeare and the Classics (London, Allen & Unwin, 1952).
Peter Alexander, A Shakespeare Primer (London, Nisbet, 1952).
F. E. Halliday, A Shakespeare Companion 1550—1950 (London, Duckworth, 1952).
A. Feuillerat, The Composition of Shakespeare's Plays: Authorship, Chronology (London, OUP., 1953).

b) Lieder der Liebe und Freundschaft

Wenn Shakespeare auch nicht als Versdichter begonnen hat, so ist er in dieser ersten Periode seines Schaffens doch ohne Zweifel des Glaubens gewesen, in den Bahnen der großen englischen Dichtertradition, die mit Wyatt und Surrey beginnt und zu Sidney und Spenser führt, seinen Weg zum Erfolg gehen zu können. Die Schließung der Theater infolge der Pest (1592—1594) wird als äußerer Grund dafür angesehen werden können, daß Shakespeares dramatische Anfangsversuche durch seine Versdichtung unterbrochen wurden. Im Jahre 1592 schreibt er seine erste Verserzählung „Venus and Adonis", die 1593 von seinem Stratforder Nachbarn Richard Field gedruckt worden ist. Die Bemerkung 'the first heir of my invention' will besagen, daß er hier seine erste Versdichtung vorlegt. Den Inhalt des Gedichtes bildet die Sage von der Werbung der Göttin Venus um den schönen Schäfer Adonis, die seit Ovid ein beliebtes Thema der Literatur ist, und die Shakespeare bei dem Lyriker Henry Constable (1562—1613) kennengelernt hat. Vieles in der Sprache ist noch konventionell. Man erkennt deutlich den Einfluß des Euphuismus, und es fehlt auch jede Beweglichkeit der Handlung und Charakterisierung der Personen. Trotzdem finden sich hier und da Bilder, die kühn und eigenwillig sind, und eine Landschaftszeichnung, bei der trotz aller antiken Stilisierung das Bodenerlebnis der Heimat spürbar wird.

Diese erste Dichtung ist Shakespeares Freund und Gönner, dem jungen Grafen Southampton (Henry Wriothesley) gewidmet, der ein großer Verehrer der Poesie war. Die Frage, wie der Anfänger zu einer so vornehmen Bekanntschaft gekommen ist, die später sogar zu einer tiefen Freundschaft werden sollte, ist ungeklärt. Es ist aber durchaus möglich, daß sie schon in die Stratforder Zeit zurückgeht und durch den gemeinsamen Bekannten Thomas Russell, den Shakespeare in seinem Testament erwähnt, vermittelt worden ist.

Die zweite Versdichtung „The Rape of Lucrece", die 1594 ebenfalls von Field gedruckt worden ist, enthält eine sehr warme Widmung an den Gönner ('The love I dedicate to your lordship is without end'). Wiederum ist Ovid die Quelle („Fasti"); aber auch Livius, Chaucer und Daniel haben Pate gestanden bei der Gestaltung des Stoffes, der wie das Thema von „Venus and Adonis" immer wieder abgewandelt worden ist, wenn jede Zeit natürlich auch ihre eigenen Wertvorstellungen in ihn hineinlegte. Der Charakter der Dichtung ist ausgesprochen höfisch; es fehlt daher auch die Naturverbundenheit, die das erste Gedicht auch heute noch anziehend macht. Man spürt, daß dieses Werk aus jener erotischen Spannung der Renaissance erwachsen ist, die, wennschon sie nicht immer einem echten Empfinden entsprach, doch eine wichtige Zeitströmung darstellt.

Auch die „Sonnets" werden wahrscheinlich dieser frühen Zeit angehören, wenn die Veröffentlichung auch erst viel später erfolgt (1609). Sie geschieht ohne die Billigung des Dichters durch den Buchhändler Thomas Thorpe, der ihr eine rätselhafte Widmung beigibt: 'To the onlie begetter of these insuing Sonnets Mr. W. H. all happinesse and that eternitie promised by our ever-living poet wisheth the well-wishing adventurer in setting forth'. Die Schwierigkeit der Deutung liegt vornehmlich bei dem Wort *begetter,* das sowohl „Beschaffer" als auch „Erzeuger" bedeuten kann. Sollte es ersteres heißen, so könnte man an jemand denken, der dem Buchhändler das Manuskript besorgt hat, vielleicht an William Harvey, den dritten Gatten der Mutter des Grafen Southampton. Im Hinblick auf die zweite Bedeutung kommen William Herbert, der Graf von Pembroke, dem die erste Folioausgabe gewidmet ist, oder — was wahrscheinlicher ist — Henry Wriothesley, der Graf von Southampton, in Frage, wobei die Umstellung der Initialen nur eine leichte Maskierung darstellt.

In diesen Zusammenhang hat man auch das Shakespeare zugeschriebene Gedicht „The Phoenix and the Turtle" gezogen, das 1601 in einem Gedichtbande „Love's Martyr" von Robert Chester veröffentlicht worden ist. Es ist eine Liebesallegorie, die das Paaren des Phoenix mit der Turteltaube in einer Reihe von oft schwer deutbaren Bildern darstellt. Man will in dem Phoenix wiederum den Grafen Southampton sehen, dem man auch „A Lover's Complaint", ein Shakespeare zugeschriebenes, von Thorpe 1609 veröffentlichtes Gedicht, gewidmet glaubt. Ein schlüssiger Beweis ist jedoch hier wie dort nicht zu erbringen.

Umstritten wie der Adressat ist auch die Entstehungszeit der Sonette, obschon sowohl stilistisch als auch stimmungsmäßig sehr viel dafür spricht, daß die meisten von ihnen in die frühe Zeit hineinfallen. Sie sind ohne Zweifel nicht auf einmal entstanden, sondern erstrecken sich über eine längere Schaffensperiode. Dennoch wird man für die meisten von ihnen kaum über 1596 hinausgehen dürfen, da das Sonett zu dieser Zeit ziemlich aus der Mode gekommen ist. Nach L. Hotsons neuester Untersuchung (1949) war die Hauptgruppe der Shakespeareschen Sonette bereits um 1589 vollendet. Die 5. Zeile des 107. Sonetts "The mortal moon hath her eclipse endur'd" wird von Hotson auf den Untergang der Spanischen Armada bezogen und ist so im Jahre 1588 entstanden. Die Spanische Armada kämpfte in der Schlachtordnung eines Halbmondes (in the maner of a moone) und empfing von der englischen Flotte eine tödliche Wunde (a mortall wound), die zu ihrem Untergang (eclipse) führte. Die Metapher des „eclipsed moon" für eine geschlagene Flotte wendet Shakespeare später auch in „Antony and Cleopatra" III, 11, 153 an: "Alack! our Terrene moon is now eclips'd", wobei *Terrene* eine Verkürzung von *Mediterranean* darstellt (vgl. „The Tempest" I, 2, 234: „the Mediterranean flote"). Durch diese neue Datierung der Sonette würden sich eine Reihe gewichtiger Folgerungen für das bisherige Shakespearebild ergeben: 1. Nicht „Venus and Adonis" oder „The Rape of Lucrece" sind Shakespeares Erstlingswerke, sondern seine Sonette, 2. Shakespeare hat bereits im Alter von 25 Jahren seine Reife erreicht, 3. Shakespeares unbekannter Freund W. H., dem die Sonettsammlung gewidmet ist, kann weder der Graf von Pembroke noch der Graf von Southampton gewesen sein. Da Shakespeare zu dieser Zeit (1589) den Freund bereits seit drei Jahren kannte (vgl. Sonett 104), waren Pembroke damals (1586) erst sechs und Southampton erst dreizehn Jahre alt, also nicht in einem Alter, wo Shakespeare sie zur Heirat gedrängt und ihnen den Rat gegeben haben könnte — wie er es in seinen an den Freund gerichteten Procreationssonetten tut —, einen Sohn zu zeugen, bevor es zu spät ist. Nach Hotson "It is high time to lay away the Cinderella story about Shakespeare's intimacies with the nobility". Hotsons Argumentation, die ihn zu seiner aufsehenerregenden neuen Datierung der Sonette Shakespeares mit 1589 führte, hat in jüngster Zeit allerdings viel Kritik erfahren (vgl. „Shakespeare Survey", ed. by A. Nicoll, vol. V, Cambridge U. P., 1952, p. 138), der Hotson aber weiteres Beweismaterial entgegengestellt hat (vgl. „Shakespeare Survey", a. a. O., p. 149).

Die Sonette sind mehr als alle anderen Versdichtungen Shakespeares Ausdruck eines persönlichen Erlebens, das um das Problem der Freundschaft und der Liebe kreist. Man darf dabei allerdings nicht an jenes Wirtshauserlebnis denken, auf das das rätselhafte Gedicht „Willobie his Avisa" (gedruckt 1594) anspielt. Es erzählt, wie ein gewisser Edelmann H. W. vergebliche Angriffe auf die Tugend der Schenkwirtin Avisa macht, während sein Freund W. S. erfolgreicher ist. Wahrscheinlich ist dieser „alte Schauspieler" (old player) W. S. = William Shakespeare, während mit dem Nebenbuhler und „neuem Schauspieler" (new actor) H. W. wohl ein Bekannter des Dichters, Henry Willobie, gemeint sein wird.

In 154 Sonetten, die sich deutlich in zwei Gruppen aufteilen lassen (Gruppe A: 1—126, Gruppe B: 127—154), wird von der Liebe des Dichters zu seinem Freunde erzählt, wobei ganz der Mode entsprechend in platonischer Weise die Empfindungsinhalte von Freundschaft und Liebe miteinander verschmelzen. Das Verhältnis zu dem Freunde dem der Dichter ewige Jugend und Unsterblichkeit gewünscht hat, wird dann später aber durch eine „dunkle Dame" getrübt, die der Dichter trotz aller ihrer Fehler liebt, die ihm aber vom Freunde genommen wird. Da dieser ihm überdies einen anderen Dichter vorzieht (Chapman?), trennt er sich von ihm, kann aber doch nicht ohne ihn leben. So gibt er schließlich seine Liebe preis, um die Freundschaft nicht zu verlieren; aber die alte Sicherheit ist dahin.

Man hat hinter der 'dark lady' die Angehörige der verschiedensten Stände von der Hofdame Mary Fitton (T. Tyler; Bernard Shaw, The Dark Lady of the Sonnets with a Preface. A Play. London 1910) bis zu einer Straßendirne (Fripp) vermutet; aber man sollte doch nicht vergessen, daß die äußeren Gegebenheiten nicht das Entscheidende sind. Diese Sonette sind Shakespeares erster großer Beitrag einer aus tiefem Erleben stammenden Kunst. Er hat die Form- und Gestaltwerte seiner Generation übernommen, hat wie die übrigen Dichter der Renaissance die Auseinandersetzung mit dem Begriff der Schönheit oder dem Gedanken der Wahrheit in die Form der Dichtung gekleidet; aber er hat darüber hinaus die Themen seiner Zeit gleichzeitig in sein persönliches Welterleben hineinbezogen, das um den Gedanken der Ordnung kreist, ohne den die Welt zum Chaos werden und der Vernichtung anheimfallen müßte. Dieses Thema wird hier zum ersten Male angeschlagen, und dieser innere Zusammenhang der Sonette mit den späteren Werken Shakespeares kann als der beste Beweis dafür angesehen werden, daß kein anderer als Shakespeare der Verfasser gewesen ist. Weder Chapman noch der Graf von Oxford, Edward de Vere, können ernstlich als Autoren in Frage kommen. Shakespeares Sonette wurde erst ab 1830 mit denen Miltons zusammen gedruckt und diesen gleichgeachtet, wenn nicht vorgezogen.

Literatur:

Edward Dowden, The Poems and Sonnets of Shakspere, with an Introduction (London 1903).
Shakespeare Sonette (sic), Umdichtung von Stefan George (2. Auflage, Berlin, Bondi, 1919).
J. M. Robertson, The Problems of the Shakespeare Sonnets (London, Routledge, 1927).
Th. Spira, Shakespeares Sonette im Zusammenhang seinés Werks (Königsberg 1929).
Gerald Philips, The Tragic Story of „Shakespeare" disclosed in the Sonnets, and the Life of Edward de Vere (London, Palmer, 1932).
Percy Allen, The Life Story of Edward de Vere as „William Shakespeare" (London, Palmer, 1932). — Neuerdings: M. W. Douglas, Lord Oxford and the Shakespeare Group [de Vere-Theorie] (Oxford 1952[3]).
H. Galinsky, Der Lucretia-Stoff in der Weltliteratur (Breslau 1932).
Shakespeares Sonette. Englisch und deutsch. Übertragung von Richard Flatter (Wien 1934).
C. F. Tucker Brooke, Shakespeare's Sonnets (London 1936).
H. McClure Young, The Sonnets of Shakespeare. A Psycho-Sexual Analysis (Columbia UP., 1937).
W. Thomson, The Sonnets of Shakespeare and Southampton (Oxford, Blackwell, 1938).
W. Shakespeare, Sonette. Englisch und deutsch. Neue Verdeutschung von Gustav Wolff (München, Reinhardt, 1939).
M. Deutschbein, Shakespeares persönliche und literarische Sonette (in: „Shakespeare-Jahrbuch" Bd. 77 und 78/9, Weimar 1941 und 1942/3).
Benvenuto Cellini, Vita e arte nei Sonetti di Shakespeare. Col testo dei Sonetti riordinati e commentati (Roma 1943).

B. A. Mackenzie, Shakespeare's Sonnets: Their Relation to his Life (Cape Town 1946).
Leslie Hotson, Shakespeare's Sonnets Dated and Other Essays (London, Hart-Davis, 1949).
T. W. Baldwin, On the Literary Genetics of Shakspere's Poems and Sonnets (Urbana, Illinois UP., 1950).
Hans Hübner, Shakespeares Sonette in deutscher Sprache und italienischer Versform (Dresden, Verlagsges., 1950).
M. C. Bradbrook, Shakespeare and Elizabethan Poetry: A Study of his Earlier Work in Relation to the Poetry of the Time (London, Chatto & Windus, 1951).
Hallett Smith, Elizabethan Poetry: A Study in Conventions, Meaning, and Expression (Harvard UP., 1952).
E. H. Hubler, The Sense of Shakespeare's Sonnets (Oxford, Blackwell, 1952).
Catherine Ing, Elizabethan Lyrics (London, Chatto & Windus, 1952).

c) Übermenschentum in den frühen Tragödien

In London muß Shakespeare früh den Weg zur Bühne gefunden haben. Er hat zunächst in der Nähe des „Theatre" gewohnt, in Shoreditch. Auch die Inns of Court, die Rechtsschulen und wichtigsten Pflegestätten des Dramas, lagen nicht weit von seiner Wohnung entfernt. Hier mag er sich jene juristischen Kenntnisse erworben haben, die sich so zahlreich in seinen Dramen finden. Der zeitgenössische Schriftsteller Robert Greene (1560—1592) nennt Shakespeare 1592 in seiner Schrift „A Groatsworth of Wit bought with a Million of Repentance", die voller Selbstanklagen über sein eigenes verfehltes Leben ist, "an upstart Crow, beautified with our feathers, that with his Tygers hart wrapt in a Players hyde, supposes he is as well able to bombast out a blanke verse as the best of you: and beeing an absolute Johannes fac totum, is in his owne conceit the onely Shake-scene in a countrey": „eine emporgekommene Krähe, geschmückt mit unseren Federn, der mit eines Tigers Herz in eines Schauspielers Haut gehüllt (Parodie einer Stelle in Shakespeares „Third Part of King Henry VI" Akt I, 4, 137: "O tiger's heart wrapp'd in a woman's hide"), glaubt, er könne gerade so gut einen Blankvers ausstaffieren, wie die besten unter uns: tatsächlich ist er ein wahrer Hans Faktotum, nach seiner eigenen Meinung aber der einzige Bühnen-Erschütterer (*Shake-scene* als wortspielende Anspielung auf *Shake-speare,* dessen Name nicht ausdrücklich genannt wird) im Lande." In dieser Todesbeichte entrüstet sich der nach äußerst liederlichem Lebenswandel in großem Elend sterbende Greene über seinen gefährlichsten Konkurrenten Shakespeare, der es als Schauspieler unternommen hatte, die Stücke für seine Truppe selbst zu schreiben, und durch seinen großen Erfolg die anderen Dramatiker überflügelte.

Die Chronologie seiner Werke ist allerdings bis heute noch umstritten. In erster Linie sind die Eintragungen der Stücke in das Buchhändlerregister (Stationer's Register), die Aufzeichnungen in den Abrechnungsbüchern des Master of the Revels und Tagebuchnotizen (etwa Henslowe's Diary) zu berücksichtigen. Für die bis 1598 verfaßten Dramen ist die Erwähnung in Francis Meres' Schrift „Palladis Tamia" von entscheidender Bedeutung. Dazu kommt eine Reihe von inneren Kriterien wie Stil, Reimtechnik oder das Verhältnis von Vers und Prosa, Argumente, die zwar stets einen subjektiven Charakter haben, aber zusammen mit den erwähnten äußeren Anhaltspunkten immerhin die Möglichkeit der Aufstellung eines gewissen Kanons geben.

Die nationale Hochspannung nach der Armadaschlacht von 1588 brachte es mit sich, daß Shakespeare sich zunächst dem von der Literatur gepflegten Historiendrama zuwandte. Die Trilogie „Henry VI" und das sich daran anschließende Drama „Richard III" bieten zusammen ein großes Panorama der Rosenkriege (1459—1485) bis zum Siege der Tudors. Der erste Teil von „Henry VI" nimmt insofern eine Sonderstellung ein, als er weder bei Meres erwähnt wird noch in einer Quarto vorliegt, sondern zum ersten Male in der Folioausgabe von 1623 erscheint. So berechtigt daher Zweifel an der Echtheit sind, man wird doch an der Verfasserschaft Shakespeares festhalten können. Man muß jedoch in diesem Teil ein sehr frühes Werk sehen, bei dem Shakespeare sich als Lernender an die Großen seiner Zeit, namentlich an Marlowe anlehnte. Einen gewissen Anhaltspunkt für die Datierung gibt die Schrift „Pierce Penniless" (1592) des Satirikers Nashe, in der auf den großen Erfolg des brave Talbot, einer Gestalt des Stückes, auf der Bühne der Zeit hingewiesen wird. Aber auch der zweite und dritte Teil müssen schon um diese Zeit vorgelegen haben, wie aus der bereits erwähnten Klage Greenes „Groatsworth of Wit" (1592) hervorgeht. Die Worte 'with his Tygers hart wrapt in a Players hyde' sind eine Anspielung auf den dritten Teil (1, 4), wo York die grausame Königin Margarete 'O tiger's heart wrapp'd in a woman's hide' nennt. Auch für die beiden letzten Teile, deren erster authentischer Text sich erst in der Folioausgabe befindet, muß Shakespeare als der Verfasser gelten, denn die beiden Quartotexte von 1594 und 1595 („The Contention of the two famous houses of York and Lancaster" und „The True Tragedy of Richard Duke of York") sind nur gekürzte Bühnenfassungen der Foliostücke und nicht die ursprünglichen Dramen, die etwa von Shakespeare später bearbeitet worden wären. Als Entstehungszeit der Trilogie wird man die Jahre 1591 und 1592 ansetzen können.

Als Quelle seiner historischen Dramen dient Shakespeare die Chronik von Holinshed. (Ob die 1936 entdeckte zweite Ausgabe von 1587 die von ihm benutzte und mit seinen Schriftzügen versehene Fassung ist, bedarf noch der näheren Untersuchung.) Daneben hat Shakespeare in weiterem Umfange, als man bisher glaubte, die viel lebendigere Chronik von Edward Hall („The Union of the Noble and Illustre Families of Lancastre and York", 1542) herangezogen.

„Henry VI" ist ein echtes Chronicle Play, von grobem Patriotismus erfüllt und vom künstlerischen Standpunkt aus noch völlig formlos (vgl. die verunglimpfende Art, mit der Joan of Arc gezeichnet ist). Das Übermenschenpathos Marlowes begegnet auf Schritt und Tritt, nicht nur bei der Gestaltung der Szenen (vgl. die Bestattung Heinrichs V.), sondern auch bei der Zeichnung der Personen, die wie der Graf von Gloucester oder der Bischof von Winchester gänzlich übersteigerte Gestalten im Sinne Tamburlaines sind. Namentlich der Heerführer Talbot, dessen Heldenpose sich alles beugen muß, ist von einer lauten Bewegtheit, die ganz im Äußeren steckenbleibt. Auch die Sprache, namentlich im Gebrauch der Bilder, ist pompöse Rhetorik.

Gegenüber diesem Pathos wirkt der König, dem das Szepter schon in die Kindeshand gegeben worden ist, schwach und willenlos. Gewiß hat er Züge menschlicher Größe, wenn er Tugend und Sittlichkeit höher schätzt als Macht und Besitz (Glunz); aber er bleibt eine viel zu passive Gestalt, als daß er als der Gegenspieler der großen Tatmächte tragisch wirken könnte. Seine Absage an das Königtum, als er auf dem Schlachtfelde einem Sohn begegnet, der seinen Vater erschlagen hat, und einem Vater, der seinen Sohn tötete, läßt seinen Weg in das Verhängnis nicht als schicksalbedingte Auseinandersetzung mit den Gegenmächten erscheinen, sondern als einen Verrat am Königsgedanken. Ein solcher Herrscher ist nach Shakespeares Auffassung nicht berufen, den Weg aus dem Chaos in die Ordnung zu führen.

Den Abschluß und zugleich künstlerischen Höhepunkt der York-Gruppe bildet das Stück „Richard III", das in die Problematik des nach politischen Wertformen suchenden jungen Shakespeare gehört. Jedoch der Tyrann, wie er hier gezeichnet wird, ist ebenfalls nicht in der Lage, das zerstörte Gefüge des Staates zu ordnen. Die erste Quarto des Dramas stammt aus dem Jahre 1597. Ihr folgten weitere Quartausgaben in den Jahren 1598, 1602, 1605, 1612, 1622, 1629 und 1634, deren Text zunehmend schlechter wurde, die jedoch Zeugnis von der großen Beliebtheit des Stückes ablegen. Die Folioausgabe von 1623 kommt der Bühnenfassung Shakespeares am nächsten. Als Entstehungszeit kann das Jahr 1592, spätestens 1593 angesetzt werden.

Die Gestalt Richards hatte bereits mehrere Bearbeiter gelockt, seitdem sie in den Chroniken des 15. Jahrhunderts als Musterbeispiel dafür angeführt war, wie Gott Freveltaten straft. In der „History of Richard III" (1543 gedruckt) von Thomas Morus hatte die Legende von diesem Tyrannen, der unter dem Zorn Gottes steht, schon eine bedeutsame Prägung erfahren. Die Geschichte des letzten Herrschers aus dem Hause York bot auch einen dankbaren Stoff dar, um die englische Bühne im Sinne Senecas umzugestalten (Thomas Legge, „Richardus Tertius", 1579), oder um den im Volksdrama beliebten, grausamen Gewaltmenschen zu schildern („The True Tragedy of Richard III", 1593/94?).

Shakespeare hat in seinem Drama das alte Thema zur Grundlage seiner ersten Charakterstudie gemacht, so melodramatisch vieles in dem Stücke auch sein mag, und so stark in der Form noch die mittelalterliche Moralitätentechnik nachwirkt. Richard III. bedeutet die Darstellung des Schicksals eines Menschen, der Unrecht tut, um seinen maßlosen Ehrgeiz zu stillen, der seine Gegner vernichtet, um selbst zu steigen, der als ein um seiner Häßlichkeit willen aus der Gemeinschaft Ausgestoßener dieser seinen Willen aufzwingen will. Diese ausgesprochene Ichbezogenheit unterscheidet Richard von dem Fürsten Machiavellis, so ähnlich manche äußeren Einzelheiten sein mögen; es fehlt aber jene

Bezogenheit auf das Staatswohl, die dem Machtstreben eine bestimmte Ausrichtung gibt. Was bei Richard von Machiavelli herkommt, sind die Grundsätze seines Handelns, denen das im Ordnungsgedanken verkörperte Sittengesetz seiner Widersacher gegenübersteht. Die meisten von diesen allerdings, eine Anna, ein Hastings oder ein Buckingham, besitzen nicht die Unerbittlichkeit des Wollens und die innere Aktivität, um dem sittenlosen Fanatismus Richards gewachsen zu sein; erst in Richmond erfüllt sich das Sittengesetz in einer alles Böse überwindenden Größe. Richard selber, der ungebrochen zugrunde geht, ist keine tragische Gestalt, weil er den inneren Zwiespalt nicht kennt und seine eigene Minderwertigkeit einer Welt der Ordnung gegenüber nicht als belastend empfindet. Ausgesprochen tragisch dagegen ist der das Drama gewaltig aufspaltende Gegensatz zwischen den beiden Wertwelten; und da die Handlung sich auf der Ebene des politischen Geschehens bewegt, wird „Richard III" zur ersten politischen Tragödie Shakespeares.

Tragisch als Charakter ist dagegen „Titus Andronicus", weil ihm aufgegeben ist, für seine Gerechtigkeit zu leiden. Die Urteile über Bedeutung und Deutung dieses Werkes gehen sehr auseinander; aber aufs Ganze gesehen, läßt sich doch eine zunehmende Wertschätzung dieser Rachetragödie feststellen. Seit Edward Ravenscroft (1687) ist vielfach die Meinung vertreten worden, sie stamme nicht von Shakespeare. Heute hat diese These nur noch wenige Anhänger; man sieht vielmehr in „Titus Andronicus" ein Anfängerwerk, das aber doch problematischen Charakter hat (Keller); und die Aufführung bei der Bochumer Shakespearewoche des Jahres 1937 war ein erfreulicher Beweis seiner Bühnenwirksamkeit. Über das Stück liegt ein Zeugnis des Theateragenten Henslowe aus dem Jahre 1594 vor. Seine Abfassungszeit muß damals aber wohl schon Jahre zurückgelegen haben.

Seneca, der im späteren Schaffen Shakespeares als Vertreter stoischer Lehren eine große Rolle spielt, wirkt hier mit dem Grauen und der Pathetik des „Hercules Furens" und des „Thyestes". In der Gestalt des Mohren Aaron, der den Untergang des römischen Staates herbeiführen will, wo Saturninus und Bassianus um den Thron streiten, erreicht das Grausige unerhörte Ausmaße. Notzucht, Mord, Abhacken der Hände und Zunge sind die Taten dieses Schurken, den am Ende die Strafe erreicht: bis zur Brust begraben muß er verhungern. Hier unterscheidet sich das Drama in nichts mehr von den Greueltragödien der Zeit; aber der Held selber, der siegreiche Feldherr, der an Treue glaubt und den Gedanken der Gerechtigkeit zum Leitstern seines Handelns macht, gehört einer anderen Sphäre an, aus der es für ihn keine Brücke zu der vordergründigen Welt dieser Tragödie gibt. Wie Hamlet, dessen — wenn auch unbeholfene — Vorstufe „Titus Andronicus" ist, mißt er alles mit dem Maße seiner Ethik und wird zum Rächer an allen denen, die seine Wesensmitte verletzt haben. Der halb echte, halb gespielte Wahnsinn, der das Ergebnis übermenschlichen Leides und heißen Rachebedürfnisses ist, offenbart am deutlichsten die Abgründe einer Welt, in der sich Titus gerade so wenig zurechtfindet wie Hamlet oder König Lear. Man wird diesem bombastischen und in der Durchführung stark von Marlowe und Kyd abhängigen Drama nur gerecht, wenn man es im Hinblick auf den ringenden Shakespeare betrachtet, der schon in dieser frühen Zeit an das Leben mit Fragen herantrat, deren Beantwortung ihm erst später zuteil wurde.

Literatur:

Caroline F. E. Spurgeon, Shakespeare's Iterative Imagery (London, Milford, 1931).

G. B. Harrison, Shakespeare at Work: 1592—1603 (London, Routledge, 1933).

Caroline Spurgeon, Shakespeare's Imagery (Cambridge UP., 1935; repr. 1952).

Wolfgang Clemen, Shakespeares Bilder (Bonn, Hanstein, 1936). — W. Clemen, The Development of Shakespeare's Imagery (London, Methuen, 1951).

M. R. Ridley, Shakespeare's Plays: A Commentary (London,. Dent, 1937).

H. H. Glunz, Shakespeare und Morus (in: „Kölner anglist. Arbeiten", Bd. 32, 1938).

W. Dibelius, Zur Stoffgeschichte des Titus Andronicus (in: „Shakespeare-Jahrbuch", Bd. 48, 1912).

W. Keller, Titus Andronicus (in: „Shakespeare-Jahrbuch", Bd. 74, 1938).

H. Reinhold, Die metrische Verzahnung als Kriterium für Fragen der Chronologie und Authentizität im Drama Shakespeares (in: „Archiv für das Studium der neueren Sprachen", Bd. 181, 1942).

J. Dover Wilson, Titus Andronicus. In: „The New (Cambridge) Shakespeare" (Cambridge UP., 1948).

J. G. McManaway, Recent Studies in Shakespeare's Chronology (in: „Shakespeare Survey", ed. by A. Nicoll, vol. III, pp. 22—33, Cambridge UP., 1950).
K. Wentersdorf, Shakespearean Chronology and the Metrical Tests (in: Shakespeare-Studien. Festschrift für H. Mutschmann, hsg. von W. Fischer, Marburg, Elwert, 1951).
W. H. Thomson, Shakespeare's Characters: A Historical Dictionary (Sherratt, Altrincham, Ches., 1951).
J. Dover Wilson, King Henry VI, Parts I, II, and III. In: „The New (Cambridge) Shakespeare" (Cambridge UP., 1952).
B. Ifor Evans, The Language of Shakespeare's Plays (London; Methuen, 1952).

d) Euphuismus in den frühen Komödien

Der junge Shakespeare, der in seinen Tragödien Marlowe und Kyd nacheifert, hat seine ersten Lustspiele in der Formensprache Lylys geschrieben. Weniger der Euphuismus Lylys als seine neue Kunst, gelockerten Inhalt mit gelockerter Form glänzend zu verbinden, reizte Shakespeare zur Nachahmung. Wie bei Lyly sind seine Erstlingsstücke in Inhalt und Form, die sich aus Prosa, Reim- und Blankvers zusammensetzt, mehr episch und lyrisch als dramatisch. Das frühe englische Lustspiel vor Shakespeare verwandte die dramatische Prosa in der Hauptsache für komische Szenen, stereotype Redensarten und Ausrufe, zur Verlesung von Schriftstücken, für nüchterne Erklärungen, zur Charakterisierung von Personen niederen Standes sowie zur Darstellung des Wahnsinns (T. Eichhorn, Shak.-Jb. 1950). Dagegen kannte das frühe englische Trauerspiel mit seinem einheitlichen Pathos und Metrum unter dem beherrschenden Einfluß Senecas weder eine Differenzierung nach Personen oder Stimmungen noch die Anwendung der Prosa. John Lyly führte das ganz in Prosa geschriebene Lustspiel ein und erreichte gegenüber der dramatischen derben und unbeholfenen Prosa seiner Vorgänger fein-komische Wirkungen. Im Prolog zu seiner Königin Elisabeth huldigenden Liebeskomödie „Sappho und Phao" (1581) gibt Lyly als Ziel seines Lustspiels "soft smiling, not loud laughing" an.

In der Tragödie erhob Christopher Marlowe die Verwendung der Prosa schon in seinem ersten Drama „Tamburlaine the Great" (1587) zur Kunst und erreichte mit ihr feine psychologische Schattierungen. Zwar gebrauchte er auch im „Doctor Faustus" (1588) noch die Prosa im Sinne der Tradition ziemlich regelmäßig für Personen niederen Standes, wechselt aber höchst kunstvoll zwischen Vers und Prosa in den Gesprächen des Faustus und Mephistopheles. Dagegen standen sich noch bei Shakespeares anderem großen Vorgänger Thomas Kyd Prosa und Blankvers in der „Spanish Tragedy“ (ca. 1586) als heterogene Elemente zweier verschiedener Welten gegenüber. Die übrigen Dramatiker zur Zeit Shakespeares verwandten zum Zwecke des Kontrasts im wesentlichen Prosa für komische und Verse für ernste Stoffe.

Bei Shakespeare wird der Formwechsel nie willkürlich oder schematisch, sondern auf Grund des ausgeprägten besonderen dramatischen und ästhetischen Empfindens des Dichters nach ganz bestimmten Regeln angewendet. Im Verlauf seines dramatischen Schaffens bewegt sich die Form in einem immer stärkeren Abhängigkeitsverhältnis vom Denken und Handeln der Hauptgestalten seiner Dramen. Der Höhepunkt wird auch hier im „Hamlet“ erreicht, wo Prosa in den feinsten psychologischen und künstlerischen Schattierungen angewendet wird als Sprache der Melancholie, des Zynismus und des Wahnsinns. Schon von den frühen Komödien an verwendet Shakespeare die Prosa zum Zwecke des dramatischen Kontrasts und erhöhter realistischer Qualität. So ist die romantisch-tragische Handlung in „Romeo and Juliet“ in Versen, die komische sowohl der höheren wie der niederen Sphäre in Prosa verfaßt. In seinen großen Tragödien, vor allem „Hamlet“, „Coriolan“, „King Lear“, „Macbeth“ und „Othello“ geht Shakespeare verfeinernd und vertiefend hierüber weit hinaus. Shakespeares Verssprache entspricht hier so vollkommen der Umgangssprache, daß sie unauffällig und organisch in die Prosa und diese ihrerseits wieder in den Vers hinüberwechseln kann. Form ist für ihn wie für die Humanisten seiner Zeit Ausdruck einer Lebenswirklichkeit, die als Bildungsfaktor begriffen wird. Allerdings erkennt er sehr früh, daß diese Bewertung der Form, für die Castiglione Vorbild geworden war, leicht zu einem unnatürlichen Schematismus führt. Der Euphuismus ist der bezeichnendste Niederschlag auf dem Gebiete der Sprache. Form und Lebenswirklichkeit geraten hier in einen Gegensatz, aus dem es als einzige Befreiung nur ein fröhliches Lachen über alle Unnatur gibt. So setzt denn bei Shakespeare bald der heitere Kampf gegen alle Übersteigerungen der Form ein, und sein Sichlossagen von der Sprache Lylys weist gleichzeitig auch die Wege zu einem natürlichen Leben.

Die „Comedy of Errors“ darf mit großer Wahrscheinlichkeit als das früheste Lustspiel Shakespeares angesehen werden, wo die Lylysche Regelfreudigkeit noch vorherrscht. Es ist wahrscheinlich schon 1589 verfaßt worden, wie man aus einer Anspielung auf die französische Geschichte schließen möchte. (1589 hatte Heinrich III. von Frankreich Heinrich von Navarra zum Thronerben erklärt, worauf ein Wortspiel zwischen *hair* und *heir* [III, 2, 122] hindeuten kann.) Am 28. 12. 1594 ist die Komödie in der Juristenschule Gray's Inn im Rahmen der Weihnachtsfeierlichkeiten aufgeführt worden, und Francis Meres erwähnt das Stück 1598. Als Quelle haben die Komödien „Menaechmi“ und „Amphitruo“ des Plautus gedient, und es kann wohl kaum bezweifelt werden, daß Shakespeare den antiken Lustspieldichter im Original gekannt hat. Zwar ist 1594 die Übersetzung der „Menaechmi“ von William Warner gedruckt worden — der Zeit entsprechend war sie schon als Manuskript bekannt —; aber es ist wahrscheinlicher, daß dieser von Shakespeare angeregt worden ist als umgekehrt. Ebensowenig läßt sich der Nachweis führen, daß die „Comedy of Errors“ eine Bearbeitung des in der Neujahrsnacht 1576/7 aufgeführten Stückes „The Historie of Error“ sei, da nur der Titel dieses Werkes bekannt ist.

Trotz mannigfacher Veränderungen im einzelnen, die jedoch nicht bloße Hinzufügungen sind, sondern die Handlung verknüpfen und beleben, hat Shakespeare an dem Grundschema der Verwechslungskomödie festgehalten. Euphuistischem Formprinzip entspricht der Gedanke, den Hauptpersonen, zum Verwechseln ähnlichen Zwillingsbrüdern, zwei einander ähnelnde und ebenfalls verwechselte Sklaven gegenüberzustellen. Nach klassischem Vorbild spielt sich die Handlung im wesentlichen auf dem Marktplatz in 24 Stunden ab. Die Menschen begegnen einander, werden durcheinandergewürfelt und finden nach den Regeln einer streng formalen Ordnung wieder zueinander. Symmetrie und Rhythmus beherrschen alles scheinbar zufällige Geschehen. Trotzdem aber wird bereits hier alles Typenhafte und Schematische vermieden, und das ungereimte Leben durchbricht die Gesetze der Form. Es ist einmal vertreten durch die Frauen Adriana und Luciana, die nach dem irrationalen Gebot der Liebe handeln und dem Klassizismus dieses formalen Lustspiels eine gewisse romantische Aufgelockertheit geben, und zum andern durch Ägeon, den schwergeprüften Vater der Zwillingsbrüder, der als Syrakusaner in Ephesus nach dem Gesetz der Stadt dem Tode verfallen ist, wenn er sich nicht durch ein hohes Lösegeld freikaufen kann. Diese Gestalt, die ihr Schicksal mit stolzer Würde trägt, steht dicht an der Grenze des Tragischen, und an ihr erweist sich erstmalig in Shakespeares Werk, daß Komik und Tragik innerlich zusammengehören.

Das Lustspiel „The Two Gentlemen of Verona" wird 1598 bei Meres erwähnt, muß aber früher entstanden sein, obwohl ein genaues Datum nicht festzustellen ist. Der Stoff, der schon früh dramatisiert worden ist — er wird auch in einem verlorengegangenen Stücke „Felix and Philiomena" (1584/5) behandelt —, ist Shakespeare in der Hauptsache durch die Romanze „Diana Enamorada" des Portugiesen Jorge de Montemayor, die Bartholomew Yonge ins Englische übersetzt hatte (gedruckt 1598), nahegebracht worden. Als Abfassungszeit wird man auf die Jahre 1590—1592 kommen.

Dem jungen Veroneser Proteus und seinem Freunde Valentin entsprechen die Liebhaberinnen Julia und Silvia, so daß wir auch hier jenen L y l y s c h e n P a r a l l e l i s m u s vorfinden, der durch allerlei Verwechslungen und Wirrnisse zu einem kunstvollen Gefüge ausgebaut ist; aber auch hier wird die reine Form dadurch überwunden, daß Shakespeare den Menschen eine seelische Erlebnisstärke gibt, die ihnen den Charakter bloßer Schemen nimmt. Das gilt namentlich von den Frauen, in erster Linie von Julia, die ihrem Geliebten, dem wankelmütigen Proteus, unerkannt als Page folgt: als erstes Beispiel jenes G r i s e l d i s t y p s , den Shakespeare bis in seine späten Werke hinein mit Vorliebe gezeichnet hat. Auch in der V e r h e r r l i c h u n g der F r e u n d s c h a f t spricht sich eine Verinnerlichung des Formenkultes aus. Das Verhältnis von Proteus und Valentin steht im Zeichen der platonischen Gedanken der Spätrenaissance; Freundschaft und Liebe sind wesensgleich; deswegen ist völlige Hingabe an den Freund bis zum Verzicht auf die Geliebte vornehmste Pflicht, und nichts gilt für ehrenrühriger als ein Verrat an der Freundschaft. Dieses Thema verbindet das Lustspiel mit den Sonetten, nur daß hier das Erlebnismoment fehlt, das der Versdichtung die Seelenspannung gibt. Das Thema mündet in den Preis des Verzeihens ein, einen Klang, der hier zum ersten Male ertönt, und der dann in den späteren großen Werken zum vollen Akkorde anschwillt. So ist das Stück ein S p i e l r o m a ntischer Bewegtheit, bei dem man nicht nach einer logischen Verknüpfung des Geschehens fragt, sondern das Auf und Ab der Stimmung genießt.

In die erste Gruppe der Lustspiele gehört auch „Love's Labour's Lost", ein Werk, das von vielen gescholten worden ist (Dryden, Dr. Johnson, Hazlitt), in dem die neuere Kritik jedoch manche Schönheiten entdeckt hat. Die erste Quarto, die aus dem Jahre 1598 stammt, trägt die Bemerkung 'Newly corrected and augmented', durch die auf eine frühere Fassung verwiesen wird. Da die Namen der im Stücke vorkommenden Herren aus dem Gefolge des Königs von Navarra auf historische Persönlichkeiten um Heinrich IV. in seinem Kampf um die Krone Frankreichs (1589—1593) hindeuten, sind gewisse Anhaltspunkte für die Datierung gegeben, so daß das Stück in seiner Ursprungsfassung wahrscheinlich 1593 entstanden sein dürfte. Wenn sich einige Forscher für ein späteres Datum entscheiden, so geschieht es entweder aus stilistischen Gründen oder gestützt auf die These, daß diese Komödie ein Angriff auf die sogenannte School of Night darstelle, jene Londoner Atheistenschule eines Ralegh, Hariot, Chapman und Marlowe, die in den Jahren 1592—94 unliebsames Aufsehen erregte. Das Lustspiel wäre demnach für die Aufführung im Hause eines der School of Night ebenfalls feindlich gesinnten Adligen, etwa des Grafen von Southampton, bestimmt gewesen und 1593 oder 1594 verfaßt worden. Auch will man Beziehungen zu dem italienischen Sprachmeister Florio („First Fruites", 1578; „Second Fruites", 1591) und dem Orthoepisten John Eliot („Ortho-epia Gallica", 1593) sehen und glaubt, den Pedanten Holofernes des Stückes als Karikatur dieser Sprachlehrer fassen zu müssen (Yates). Bei aller Scharfsinnigkeit, mit der der Beweis geführt wird, sind erhebliche Zweifel an diesen Hypothesen berechtigt (Keller).

Shakespeare schildert hier eine Akademie von Männern (den König von Navarra mit seinen Höflingen), die sich dem Studium der platonischen Philosophie ergeben haben und jeden Gedanken an die Liebe zurückweisen. Der Besuch der Prinzessin von Frankreich mit ihren Hofdamen jedoch führt zu einem anmutigen Liebesspiel, das mit dem Ausblick auf die Ehe zwischen König und Prinzessin nach Ablauf eines Jahres endigt. Deutlich zeigt sich hier neben dem Einfluß Lylys die Beziehung zur italienischen Stegreifkomödie, deren schablonenhafte Typen in dem spanischen Bramarbas Armado und seinem Kreise nachwirken. Wiederum bestimmen Parallelismus (König : Prinzessin; drei Hofherren : drei Hofdamen), Antithese (der große Ritter Armada und sein zwergenhafter Page Moth) und Verwechslungsmotive (der König und die Hofherren verkleiden sich als Moskowiter) den am Euphuismus geschulten Kunststil; aber er dient hier mehr als in früheren Lustspielen dazu, die Welt des Scheins von der des Seins abzuheben und gegenüber allen Übersteigerungen und Ziererеien die Gesetze des Natürlichen zu verkünden. Die Menschen, die sich so verschnörkelter Redewendungen bedienen und in unklaren und hergeholten Bildern mit ihrer Geistreichigkeit prunken, sprechen nicht die Sprache Shakespeares, des Mannes, der in diesen Jahren das leidenschaftliche Drama von der dem Tode verfallenen Liebe der Jugend dichtete, „Romeo and Juliet", ein Werk, von dem auch heute noch das Wort Lessings gilt: „Ich kenne nur eine Tragödie, an der die Liebe selber arbeiten half, und das ist ‚Romeo und Julia' von Shakespeare".

Literatur:

A. Feuillerat, John Lyly. Contribution à l'histoire de la renaissance en Angleterre (Cambridge UP., 1910). Grundlegend für die Darstellung und Quelle des Euphuismus.

Lu Emily Pearson, Elizabethan Love Conventions (California UP., 1933).

H. B. Charlton, Shakespearian Comedy (London, Methuen, 1938).

W. Jacobi, Form und Struktur der Shakespeareschen Komödien (Würzburg 1937).

M. Labinski, Shakespeares Komödie der Irrungen (Diss., Breslau 1935).

Frances A. Yates, A Study of Love's Labour's Lost (Cambridge UP., 1936).

Th. M. Parrott, Shakespearean Comedy (New York OUP., 1949; London, Cumberlege, 1949).

Traudl Eichhorn, Prosa und Vers im vorshakespeareschen Drama (in: „Shakespeare-Jahrbuch", Bd. 84/86, 1948/50, S. 140—198).

S. C. Sen Gupta, Shakespearian Comedy (Calcutta OUP., 1950; London, Cumberlege, 1950).

D. S. Bland, Shakespeare and the ‚Ordinary' Word (in „Shakespeare Survey", ed by A. Nicoll, vol. 4, pp. 49—55, Cambridge UP., 1951).

Richard David, Love's Labour's Lost. In: „The Arden Shakespeare" (London, Methuen, 1951[4]).

Milton Crane, Shakespeare's Prose (Chicago UP., 1951).

e) Die Tragödie der Liebe

Die erste Quarto von „Romeo and Juliet" stammt aus dem Jahre 1597, während eine zweite mit dem Vermerk 'Newly corrected, augmented, and amended' 1599 erschienen ist. Die genaue Entstehungszeit kann wiederum nicht mit Sicherheit angegeben werden, doch wird man eher auf ein früheres als auf ein späteres Datum schließen dürfen. Das Stück gehört offensichtlich zur lyrischen Gruppe der Jahre 1594 bis 1596.

Der Stoff hat eine lange Geschichte. Das Motiv vom Schlaftrunk findet sich schon in dem Roman „Ephesiaca" von Xenophon aus Ephesus, ist aber Shakespeare durch italienische Quellen zugeflossen. Es handelt sich um das Novellenbuch „Il Novellino" (1476) des Masuccio von Salerno, um die „Istoria di due Nobili Amanti" (um 1524) des Luigi da Porto, ferner um die Geschichte desselben Themas in der „Novelle" (1554) des Matteo Bandello, der den Stoff mit der Leidenschaft des Renaissancemenschen durchglüht. Wie so oft geht auch hier der Weg von Italien über Frankreich nach England. Der Franzose Pierre Boaistuau hat in seinen „Histoires Tragiques" (1559) den italienischen Stoff — allerdings ohne jeden Reiz — bearbeitet. Auch die unmittelbare Quelle Shakespeares „The Tragicall Historye of Romeus and Juliet" (1562) von Arthur Brooke läßt ganz den Renaissancegeist vermissen und ist mehr oder weniger eine bürgerlich-realistische Bänkelsängerballade. Shakespeare hat aus dieser dürftigen englischen Fassung ein Werk geschaffen, das wieder von dem Feuer Bandelloscher Leidenschaft durchlodert ist.

Das Stück, dessen Geschehen sich in einem Zeitraum von wenigen Tagen abspielt, weist nicht mehr den Parallelismus der ersten Werke auf, sondern die Handlung wird in atemberaubender Spannung vorwärtsgetrieben. Der Streit der Diener der Montagues und Capulets steigert sich zu Haß und Vernichtungswillen bei den feindlichen Häusern selber und erfährt in der heißblütigen Liebe der Jugend einen gewaltigen Gegenstoß. Gewiß weist das Drama trotz dieses geschlossenen Aufbaus viele Unausgeglichenheiten auf, die es als ein Jugendwerk kennzeichnen; aber unerreicht ist die Gestaltung des Schicksals der beiden jungen Menschen, deren Liebe von Anfang an im Schatten des Todes steht. Nirgendwo vorher hat bei Shakespeare der Tod so unerbittlich in das Leben eingegriffen wie hier. Er ist der grausame

Vernichter des Glücks, der hungrig und gierig nach den Menschen packt, die die ganze Süße des Lebens kosten (vgl. die Bildersprache). Romeo und Julia sind aber keine Werther-Naturen; sie suchen den Tod nicht, sondern sie hassen ihn; als er jedoch kommt, fürchten sie sich nicht und offenbaren darin ihr wahres Menschentum.

So erschütternd das Schicksal der beiden Liebenden ist, eine wirkliche Tragödie ist auch „Romeo and Juliet" nicht; denn es fehlt der überpersönliche Konflikt, der die beiden so ganz ineinander aufgehenden Menschen über sich selbst hinaushöbe. Das Chaos der Welt, das sich im Haß der Familien offenbart, ist für sie keine Aufgabe der Bekämpfung, sondern es berührt sie gar nicht. So fehlt dieser Tragödie die dramatische Kraft; sie ist „lyrische Stimmung" (Brandl), begleitet und durchzogen von Musik, die hier allerdings nicht wie später bei Shakespeare Ausdruck für die Harmonie des Kosmos ist, sondern reines Stimmungsmoment, das die Wirkung erhöhen soll, ähnlich wie die sprachlichen Bilder die Atmosphäre wiedergeben und das Wesen der Menschen kennzeichnen.

Literatur:

R. Fischer, Quellen zu Romeo und Julia (Bonn, Marcus, 1922).

E. E. Stoll, Shakespeare's Young Lovers (Oxford UP.; 1937).

Ed. von Bülow u. a., Italienische Novellen ,übersetzt, Band 1—3 (Berlin, Lambert Schneider, 1942).

Karl Brunner, Romeo und Julia. Engl. Text mit deutscher Übersetzung nach A. W. Schlegel. Textrevision, Einleitung und Anmerkungen (Linz 1947).

R. E. C. Houghton, Romeo and Juliet, Edited. In: "The New Clarendon Shakespeare", Oxford 1947.

H. R. Hoppe, The Bad Quarto of „Romeo and Juliet" (London, Cumberlege, 1948).

W. W. Greg, Romeo and Juliet. Second Quarto 1599 (= Faksimile), with Introduction (London, Sidgwick & Jackson, 1950).

N. Coghill, The Tragedy of Romeo and Juliet with Introduction (London, The Folio Society, 1950).

O. H. Moore, The Legend of Romeo and Juliet (Ohio State UP., 1950).

Zweites Kapitel: Der Suchende (1594—1600)

Mit „Romeo and Juliet" ist Shakespeare aus der Epoche der Nachahmung herausgetreten, und in glücklichen Londoner Jahren bahnt er sich den Weg in die Höhe. 1594 wird er Mitglied der Truppe des Lord Chamberlain, mit der er bis zum Ende seines Schaffens in enger Fühlung bleibt. Trotzdem hat er die Verbindung mit der Heimat nicht gelöst. Schmerz und Freude ziehen ihn nach Stratford hin. 1596 stirbt sein einziger Sohn Hamnet im Alter von 12 Jahren. Im gleichen Jahre bewirbt sich sein Vater beim Heroldsamt um ein Wappen, ein Bemühen, hinter dem ohne Zweifel der erfolgreiche Sohn steht. Im Mai 1597 kauft Shakespeare ein großes Haus in Stratford (New Place), ein Beweis für seine Wohlhabenheit und gleichzeitig auch für sein Bedürfnis, den Kontakt mit der Heimat nicht zu verlieren. In London ist er 1597 nach dem Stadtteil Bishopsgate gezogen.

Der Shakespeare dieser Jahre ist von hohen Idealen erfüllt. Sein Glaube an England und seine Aufgabe ist unbegrenzt. Dem Leben ist er voll hingegeben; als Künstler begreift er es intensiver als andere; und in zunehmendem Maße ist er bemüht, das zu gestalten, was an Erlebnis und Erfahrung durch seine Seele hindurchgeht. Sein Name gilt in der Welt des Theaters. Ein Beweis dafür ist die Aufzählung seiner Dramen bei Francis Meres (1598), und die Entstehung vieler Quartos bezeugt, daß die Werke im Druck verlangt werden.

a) Ironie der Liebe

Das Problem der Liebe stellt Shakespeare in „A Midsummer-Night's Dream" erneut in den Mittelpunkt; aber dieses Mal warnt er vor dem Übermaß der Leidenschaft, noch nicht allerdings aus der tiefen Lebensschau der Othellozeit heraus, sondern in heiterer Feststimmung und mit einem leichten Anflug von Ironie.

Eine Quarto stammt aus dem Jahre 1600; doch erwähnt Meres das Stück bereits 1598, und die Zeit der Abfassung muß noch weiter zurückliegen. „A Midsummer-Night's Dream" ist ohne Zweifel als Festspiel zur Hochzeit eines Adligen gedacht gewesen, wenn es auch nicht feststeht, zu wessen Ehren das Stück verfaßt worden ist. Auf Grund einiger Kriterien kommt man auf das Jahr 1594 und könnte dann an die Hochzeit des Sir Thomas Heneage denken, der sich am 2. Mai 1594 mit der Mutter des Grafen von Southampton in zweiter Ehe vermählte. Daß es sich um ein höfisches Spiel handelt, geht auch aus den feinen Komplimenten für die Königin Elisabeth hervor, deren 'single blessedness' gerühmt wird, und auf die II, 1, 158 anspielt, wo von der 'fair Vestal, throned by the west', die Cupido vergebens mit seinem Pfeile zu treffen suche, die Rede ist. Für eine Schmeichelei auf ihre Jungfräulichkeit ist die Königin stets sehr empfänglich gewesen. — Chaucers „Knightes Tale", Plutarchs „Leben des Theseus" in der Übersetzung von North, Ovids „Metamorphosen" in der Übersetzung Goldings, Spensers „Faerie Queene" und allerlei Lieder über das elfenhafte Wesen Robin Goodfellow haben dieses Werk gestalten helfen, das zwar auch noch in der Tradition von Lylys mythologischen Dramen steht, aber deren Gelehrsamkeit ins Märchenhafte auflockert.

Das ganze Gebäude des L i e b e s f o r m a l i s m u s der frühen Komödien wird hier mit viel Laune z e r s t ö r t. Die verschiedenen Liebhabergruppen (Hermia und Lysander, Helena und Demetrius) werden wild durcheinandergewirbelt. Die hohe pathetische Liebe wird ironisiert (die Feenkönigin Titania verliebt sich in einen Eselskopf), und die Wirklichkeit verdämmert und verschwebt zu einem Traum in der Sommernacht. Doch gehen durch das Feenland Oberons die Handwerker in ihrer derben Diesseitigkeit und verhindern, daß die Phantasie ins Uferlose entgleitet. Die b e i d e n W e l t e n d e s R o m a n t i s c h e n u n d d e s R e a l e n sind aber keine Gegensätze, sondern g e h ö r e n innerlich z u s a m m e n. Die Romantik erscheint an die Erde gebunden, und die Realität bleibt vor der Ernüchterung bewahrt. In dieser Verschmelzung beider Sphären liegt das Kraftvoll-gesunde des „Midsummer-Night's Dream", eines Stückes, das wie wenige andere für die Freilichtbühne geschaffen ist. Es gehört zum Charakter dieses Lustspiels mit seinen mannigfachen Anlehnungen an das höfische Maskenspiel, daß es von Musik begleitet ist. Gewöhnlich wird der „Sommernachtstraum" von der Musik Mendelssohns (1809—1847) begleitet, der oft in England geweilt und gewirkt hat. Im „Old Vic" in London wird er heute allerdings fast ohne musikalische Untermalung gespielt, trotzdem es auch eine englische Musik dazu gibt, die von dem bedeutendsten englischen Komponisten Henry Purcell (1658—1695) stammt, wenn sie auch zu einer veränderten Fassung unter dem Titel „The Fairy Queen" komponiert wurde. Ein großer Teil der dramatischen Musikwerke Purcells greift auf Shakespearesche Stoffe zurück. Viele Vorurteile gegen Mendelssohns zarte und bezaubernde Sommernachtstraum-Musik hat Richard Wagner verschuldet. .

Liebe, ironisch gesehen, ist auch das Thema von „The Taming of the Shrew", höchstwahrscheinlich der Überarbeitung eines älteren Stückes „The Taming of a Shrew" (gedruckt 1594), das sich eines durchschlagenden Erfolges erfreute. Über seinen Verfasser wissen wir nichts Näheres; wenn Marlowe auch nicht selber daran beteiligt gewesen sein mag, so erinnert der ganze Stil doch an ihn und seinen Kreis. Auf jeden Fall beginnt Shakespeare, der sich inzwischen in der Welt des Theaters eine feste Stellung erkämpft hat und eine gewisse Bühnentechnik beherrscht, damit, ältere Stücke zu überarbeiten (Keller), ihnen gleichzeitig aber eine neue Seele einzuflößen. Die Hauptquelle der „Taming of the Shrew" ist die Komödie „Gli Suppositi" von Ariost, die 1566 von Gascoigne unter dem Titel „Supposes" ins Englische übersetzt worden war. Die Rahmenerzählung, die Geschichte von dem betrunkenen Kesselflicker, der für kurze Zeit ein vornehmer Lord wird, findet sich schon in orientalischen Erzählungen und ist ein beliebtes Motiv der Weltliteratur.

Das Lustspiel ist zunächst eine ausgesprochene P o s s e. Die Gewaltdressur Katharinas durch Petruchio ist derbes Theater für eine schaulustige Menge, der ganze Lärm auf der Bühne die fröhliche Begleitmusik zu einer Komödie, die schon in der Shakespearezeit ein großer Erfolg war und bis in die Gegenwart hinein gern auf den Spielplänen erscheint. Dabei kann die Hauptgestalt des Vorspiels, der Kesselflicker Sly, seine Rolle zu einer mimischen Glanzleistung ausbauen, wenn er das vor ihm aufgeführte Stück als Lord mit der Gebärdensprache begleitet.

Aber das wilde Toben, der derbe Spaß und das fröhliche Verkleiden dürfen nicht den Blick dafür trüben, daß hinter dieser Burleske auch die seelische Welt Shakespeares vorhanden ist. Während in „Midsummer-Night's Dream" die Romantik durch die hereinbrechende Wirklichkeit gehärtet wird, erscheint hier die brutale W e l t d e s R e a l e n d u r c h eine fast lyrische R o m a n t i k a u f g e l o c k e r t, die ihren

Ausdruck in der Gestalt der zarten Schwester Katharinas, der holden Bianca, findet. Auch hier wieder werden Realismus und Romantik als Ganzheit erlebt.

Darüber hinaus bedeutet dieses Stück die Absage Shakespeares an die Kulturwelt Italiens, die zwar noch weiterhin in vielen seiner Werke den räumlichen Hintergrund bildet, deren Lebensformen er aber als seiner Art fremd empfindet. Sein Widerspruch richtet sich hier gegen das petrarkistische Liebesideal, das unter dem Einfluß Castigliones als Ausdruck humanistischer Gesittung in England Eingang gefunden hatte. Shakespeare bekämpft es hier durch den in grotesker Übersteigerung dargestellten Gegensatz, bahnt sich dann aber nach der positiven Seite hin den Weg zur Darstellung seiner edlen Frauengestalten, von denen Portia in „The Merchant of Venice" das erste Beispiel ist.

Die maßgebende Quarto des „Merchant of Venice" stammt aus dem Jahre 1600; Meres erwähnt das Drama 1598, entstanden ist es aber noch früher. Wenn IV, 1, 134 das Wortspiel *wolf* (lupus) eine Anspielung auf den jüdischen Leibarzt der Königin Elisabeth ist, den Portugiesen Roderigo Lopez, der auf Betreiben des gerade bei der Königin in höchster Gunst stehenden Grafen Essex wegen eines angeblich gegen diese gerichteten Mordanschlages im Juni 1594 gehängt und gevierteilt wurde, kann man als Zeit der Abfassung etwa die Jahreswende 1594/5 ansetzen. Es besteht natürlich auch die Möglichkeit, daß diese Anspielung die spätere Zutat eines Schauspielers oder Shakespeares selber ist. Doch würde ein wesentlich früherer Zeitpunkt kaum in Frage kommen; es ist vielmehr wahrscheinlich, daß Shakespeare auch in diesem Fall ein verlorengegangenes älteres Stück „The Jew" umgearbeitet hat, auf das wohl Stephen Gosson in seinem berühmten Angriff auf das Theater („The School of Abuse", 1579) anspielt: es gebe nur wenige gute Stücke, so schreibt er, eines darunter handele von einem Juden 'representing the greediness of worldly chusers and bloody mindes of usurers'. Von den Themen des „Merchant of Venice" findet sich die märchenhafte Kästchengeschichte in den „Gesta Romanorum", während die Erzählung von dem Pfund Fleisch auf die Novellensammlung „Il Pecorone" von Ser Giovanni Fiorentino zurückgeht, sich aber auch in dänischen und isländischen Sagas findet.

Die Geschichte vom Königlichen Kaufmann, der durch den Juden ins Unglück gestürzt wird, ist die eine tragische Handlung. Groß und edel ist Antonio gezeichnet, wenn es auch etwas erstaunlich ist, daß er sich in der leichtlebigen Gesellschaft der jungen Adligen Venedigs wohlfühlt. Er ist nicht Großkaufmann im modernen Sinne, denn sein ganzer Reichtum ist dahin, wenn seine drei Schiffe zugrunde gegangen sind. (Dieser naiven Auffassung vom Kapitalismus begegnet man in der Renaissance nicht selten.) Antonios Größe liegt namentlich in der Stärke seiner Freundschaft zu Bassanio, die hier und da den Charakter platonischer Liebe annimmt, aber dort, wo es auf die letzte Bewährung ankommt, doch herber und männlicher ist.

Die zweite Handlung mit dem jungen Liebespaar Bassanio und Portia im Mittelpunkt spielt in Belmonte, dem Wohnsitz der reichen Erbin Portia. Das Liebesmotiv mit der leicht ironischen Färbung wird hier in der Kästchenwahl noch einmal aufgegriffen, bleibt allerdings nur episodenhaft und hat im wesentlichen die Aufgabe, den Charakter Portias zu beleuchten mit seiner Mischung von aufrichtigem Liebesverlangen und Freude am Schabernack.

Diese beiden Handlungsräume werden durch das Treiben der jungen italienischen Adligen ausgefüllt, jener leichtlebigen, oberflächlichen und ichbefangenen Gesellschaft, die Shakespeares Vorstellung von Italien als einem sittenlosen und gefährlichen Lande im Sinne der englischen Renaissanceauffassung eindeutig bestimmt.

Die dritte und wichtigste Handlung, die anscheinend unter dem Eindruck des unschuldig hingerichteten jüdischen Arztes Lopez steht, bringt in der Darstellung des Juden Shylock Shakespeares Haltung zu der rassischen und religiösen Intoleranz seiner Zeit, wie sie auch in dem Stück „Sir Thomas More" zum Ausdruck gelangt. „Es kann kaum bestritten werden, daß wir in einer von Sir Thomas More gehaltenen Rede. die — worüber sich die meisten Gelehrten einig sind — von Shakespeares eigener Hand in einem unsauberen Schauspielmanuskript, das jetzt im Britischen Museum liegt, geschrieben ist, einen Ausdruck der persönlichen Ansicht des Dramatikers haben. More ist als Sheriff von London herbeigerufen worden, um einen Aufruhr der Bürger zu unterdrücken, die gerade dabei sind, die Häuser der fremden Kaufleute und Händler zu plündern. Er bringt sie zu Ordnung und Vernunft, indem er sie auffordert, sich in die Lage der Fremden zu versetzen und sich vorzustellen, daß sie selber aus ihren Häusern hinausgeworfen, daß ihnen die Kehlen durchschnitten, oder daß sie des Landes verwiesen werden. Und wenn er sie dann auffordert, daran zu denken, daß die Fremden vom gleichen Fleisch und Blut sind wie sie selbst und die gleichen Elemente mit ihnen teilen, dann gebraucht er fast die gleichen Worte, die wir von den Lippen Shylocks hören. Der Charakter Shylocks ist umstritten. Bis zum 18. Jahrhundert war er ein komischer Schurke, der am Ende mit Recht seine Strafe dafür erhält, daß er einen Anschlag gegen das Leben eines anständigen christlichen Edelmannes verübt hat; bis zum 19. Jahrhundert war er der große Vertreter der leidenden hebräischen Rasse, und heute ist man zwischen beiden Meinungen über ihn stehengeblieben: Mores Rede gibt uns den Anhaltspunkt dafür, daß keine von beiden Meinungen richtig ist. Shylock ist ein ganz schrecklicher und widerwärtiger alter Mann, um so widerwärtiger, als wir ihn als menschliches Wesen anerkennen, was Marlowes Jude von Malta, der einige Jahre früher geschaffen wurde, nicht war. Shylock ist das unvermeidliche Produkt jahrhundertelanger Rassenverfolgung, und jede Zivilisation, jede Nation hat die Juden, die sie verdient. Shakespeare zieht diese Lehre nicht; er war Dramatiker, nicht Moralist oder Prediger! Aber er zeigt die Lage auf, und für alle, die Ohren haben zu hören, wird sein eigener Standpunkt in der großen Rede über Gnade und Mitleid in der Mitte des Stückes wiedergegeben.“ (J. Dover Wilson in einem Vortrag über Shakespeares Humanität am 16. Oktober 1953 in Berlin.) Bekanntlich besaßen Konfessionsjuden in der Zeit von 1290 bis 1655 (Cromwell) kein Aufenthaltsrecht in England bis auf wenige prominente Vertreter, wie den erwähnten jüdischen Leibarzt der Königin Elisabeth, Roderigo Lopez. Bezeichnenderweise war Christopher Marlowes Drama “The Jew of Malta“ (1588), das einen unmenschlichen, gefühlsrohen Bösewicht auf die Bühne stellte, unvergleichlich erfolgreicher als Shakespeares gleichzeitig aufgeführte Komödie “The Merchant of Venice“, die sich im vierten Akt am Rande der Tragödie bewegt. Shakespeares Humanität ragt weit über seine Zeit hinaus (vgl. Shylocks Rechtfertigung III, 1, 54 ff.), und eine Welt trennt ihn in künstlerischer und menschlicher Hinsicht von seinem Vorgänger Marlowe trotz aller äußeren Beeinflussung.

Über alle Haßgedanken stellt der Dichter am Ende die Gnade. Von ihr kündet Portia in der großen Gerichtsszene (IV, 1, 184: "The quality of mercy is not strain'd"), und sie verklärt den musikdurchklungenen, märchenhaften fünften Akt des Stückes, als alle Wirren sich in der monderfüllten Sommernacht im Garten von Portias Hause lösen. Gnade in der Sprache Shakespeares ist kein metaphysischer Begriff, sondern bedeutet ein Verzeihenkönnen jener Menschen, die aus einer inneren Harmonie heraus leben. Sie ist Ausdruck für das Gleichgewicht der Lebenskräfte, das zwar vorübergehend gestört, nicht aber endgültig vernichtet werden kann. Noch ist 'mercy' ohne das tiefe Ethos der Spätzeit und gehört in eine Weltbetrachtung, in der es noch keine aufwühlenden Erschütterungen durch polare Spannungen gibt.

Literatur:

H. B. Charlton, A Midsummer-Night's Dream (Manchester University Press 1933).

H. B. Charlton, The Taming of the Shrew (Manchester University Press 1932).

George W. Keeton, Shakespeare and His Legal Problems (London 1930).

H. Schöffler, Abendland und Altes Testament (Pöppinghaus 1937).

R. A. Schröder, Das Menschenbild in Shakespeares Sommernachtstraum (in: „Zeitwende" 18, 1946/47, S. 86—97, 172—183).

H. Sinsheimer, Shylock. The History of a Character or the Myth of the Jew (London, Gollancz, 1947).

G. B. Harrison, The Taming of the Shrew, ed. ('Penguin Books', London 1951).

E. Th. Sehrt, Vergebung und Gnade bei Shakespeare (Stuttgart, K. F. Koehler, 1952).

b) Der ideale König

Wenn Shakespeare in dieser hochgestimmten Periode seines Schaffens wieder zum politischen Drama übergeht und das Problem „König und Staat" von neuem aufgreift, so geschieht es unter einem doppelten Gesichtspunkt, indem er zunächst im Anschluß an seine ersten historischen Stücke Herrscher zeigt, die die Ordnung des Staates stören

(Richard II. und King John), und sodann auf einer weiteren Stufe nach dem wahren Wesen des Fürsten und seiner Berufung fragt (Henry IV. und Henry V.). Shakespeares Weg geht von der Darstellung des Herrschers zur Gestaltung des Staatsmannes.

„Richard II" dürfte Anfang 1595 entstanden sein. Die erste Quarto vom Jahre 1597 enthält noch nicht die Abdankungsszene, da sie von Elisabeth als staatspolitisch gefährlich angesehen wurde. Sie findet sich erst in der vierten Quartoausgabe vom Jahre 1608. Das Drama wurde am Vorabend der Verschwörung des Grafen Essex aufgeführt (1599), ohne daß man jedoch aus dieser Tatsache eine Verbindung Shakespeares mit dem tragischen Ereignis herleiten könnte; dazu war der Dichter in seinen politischen Ansichten viel zu loyal.

Das Thema des Stückes, das dem von Marlowes „Edward II" (1593) verwandt ist, und das der Autor in seiner Quelle Holinshed vorfand, kreist um das Problem von G o t t e s g n a d e n t u m und W i d e r s t a n d s r e c h t. Damit nimmt Shakespeare zu einer Frage Stellung, die in der Staatsrechtslehre der Zeit eine höchst bedeutsame Rolle spielt. Betonten Machiavelli und Bodinus („De la République", 1576) die absolute Herrschaftsgewalt, so forderten namentlich die Kalvinisten (John Knox, George Buchanan) ebenso leidenschaftlich das Recht des Widerstandes gegen einen tyrannischen Fürsten. Aus diesen Spannungen heraus gestaltet Shakespeare die Historie von dem unfähigen, schwächlichen Tyrannen und seinem Sturze. Das Gottesgnadentum ist ohne Zweifel für Shakespeare ein durchaus positiver Wert, der im Transzendenten verankert ist und eine an den mittelalterlichen Königsbegriff anknüpfende, innere Weihe besitzt. Aus dieser „Königsmagie" (Clemen) heraus kann sich „keine Hand von Fleisch und Blut" gegen den 'anointed king' erheben. Der König ist eben, wie es im Drama der Bischof von Carlisle einmal formuliert, Stellvertreter Gottes auf Erden. Aber dieses höchste Recht des Königs wird zum höchsten Unrecht, wenn der Fürst zum Tyrannen wird wie Richard II., der das Gottesgnadentum dazu mißbraucht, seinen eigenen Launen und Neigungen leben zu können. Unter dieser Voraussetzung wird das Rebellentum gegen den König — im Drama durch Bolingbroke, den späteren König Heinrich IV., verkörpert — zu einer staatspolitischen Notwendigkeit. In ihm kündigt sich ein neuer Königsbegriff an, der seine Rechtfertigung aus dem Bewußtsein der Pflicht und Verantwortung für die Gesamtheit ableitet. Allerdings wird — und das darf man nicht übersehen — ähnlich wie in „Merchant of Venice" das höhere Recht durch einen einmaligen Akt der Gewalt und Ungerechtigkeit (d. h. durch die Absetzung des gesalbten Herrschers) erkämpft. Wer mit 'the king's blood stain'd the king's own land', muß als Büßer durch das Leben gehen, wie Shakespeare es an dem Schicksal Heinrichs IV. zeigt. So sind Spieler und Gegenspieler gleichermaßen in Schuld verstrickt, der König, der aus seiner Veranlagung heraus nicht anders handeln kann, und Bolingbroke, der um der Zukunft des Staates willen nicht anders handeln darf. Im Vergleich zu den früheren Historien ist das Geschehen hier tief verinnerlicht, so daß dieses Drama auch losgelöst von den historischen Begebenheiten eine starke Wirkung ausübt. Gewiß nimmt der auf weite Strecken hin lyrische Stil dem Stück viel von der in dem Thema gegebenen dramatischen Wucht, aber in den Szenen um den aufsteigenden neuen Herrscher spürt man doch ein härteres und willensmäßiges Element, das diesem so weichen Drama nun doch etwas Heldisches gibt.

Verräter am Königsgedanken ist auch „King John" in einem Drama, das einen auf der englischen Bühne der Zeit sehr beliebten Gegenstand behandelt. Schon 1539 war von einer Schauspielergesellschaft die Moralität „Kynge Johan" des protestantischen Geistlichen John Bale aufgeführt worden, der ein leidenschaftlicher Gegner der Katholiken gewesen war, und zwar nicht nur aus religiösen (Zölibat), sondern englischer Art entsprechend auch aus politischen Gründen. Bales mehrfach umgearbeitetes und wahrscheinlich 1561 vor der Königin gespieltes Stück, ist bei aller Grobkörnigkeit von einer leidenschaftlichen Liebe zu England erfüllt, die die nach seiner Auffassung von den mittelalterlichen Chronisten stark entstellte Persönlichkeit König Johanns als 'man, both valeaunt and godley' zeichnet. Die eigentliche Quelle für Shakespeare ist das anonyme Doppeldrama „The Troublesome Raigne of John King of England" (veröffentlicht 1591), ein stark royalistisches Stück von leidenschaftlich patriotischem und antikatholischem Charakter, hinter dem man die nationale Hochspannung der Armadazeit spürt. Dieses Drama, dessen Grundlage die Chronik Holinsheds ist, wird von Skakespeare umgearbeitet. Gedruckt wurde es in der Folioausgabe von 1623. Die Entstehungszeit selbst ist umstritten; verschiedene Forscher, namentlich Dover Wilson, wollen in „King John" ein sehr frühes, etwa 1590 entstandenes Stück sehen; jedoch weist schon die Tatsache der Bearbeitung eines alten Werkes auf eine spätere Entstehungszeit, so daß 1595 (unmittelbar nach „Richard II") als das wahrscheinlichste Datum zu gelten haben wird. Auch die gesättigte Bildersprache (Clemen), die sich überraschend von dem dürren Wortmechanismus des Quellenstückes abhebt, verweist dieses Drama in eine Periode größerer Reife.

„King John" ist ein ausgesprochen politisches Stück, das im Ton allerdings um vieles gedämpfter ist als die Vorlage. Die Szenen des Klosterraubs und der Nonnenschändungen, die dort einen breiten Raum einnehmen, fehlen ganz. Bedeutsam ist aber vor allen Dingen der Unterschied in der Auffassung des Königs. Aus dem nationalen Helden, der den Kampf gegen die Feinde des Staates aufnimmt, wird der Usurpator, der kein Recht auf das Königtum hat. Das Thema vom Staate, das Leitmotiv aller Shakespeareschen Königsdramen, erfährt damit eine bedeutsame Beleuchtung. Das Unrecht am Throne wiegt bei König Johann um vieles schwerer als bei Bolingbroke in „Richard II"; denn es fehlt ihm jene königliche Haltung, die den Thronraub, wenn auch nicht sittlich, so doch politisch rechtfertigt. Der schwächliche und unfähige Johann hat den Thron aus doppeltem Grund verwirkt, und in seinem Munde ist das Wort vom Gottesgnadentum Lästerung. Der Kampf gegen diesen Verrat an der Königsidee erfolgt bezeichnenderweise nicht wie in der Geschichte durch parlamentarische Entscheidung — das wichtigste Dokument der Regierungszeit Johanns, die „Magna Charta" vom Jahre 1215, wird überhaupt nicht erwähnt —, sondern der König unterliegt dem Widerstand des von höchstem nationalen Ethos erfüllten Bastards Faulconbridge. Dieser ist der eigentliche Gegenspieler, der Recht und Unrecht aus seiner Naturverbundenheit heraus erlebt und sein Handeln aus der Kraft eines starken, sittlichen Wollens ableitet. In ihm sieht Shakespeare das beste Ländertum verkörpert. Vor seinem Auge steht ein England, das unbesiegbar ist, wenn es seine innere Einigkeit bewahrt. In den Schlußworten des Bastards spürt man das Pathos jenes ethischen Nationalismus, der auch das Werk eines Carlyle erfüllt.

Shakespeares Könige von Heinrich VI. bis zu Johann gehören alle insofern zusammen, als ihnen die wirkliche, innere Größe fehlt, als sie ohne sittliche Bindung an den Staat und ohne politisches Verantwortungsbewußtsein ihre Herrschergewalt mißbrauchen. Die Gegenspieler indessen haben das einzige Ziel, die Ordnung einer zerstörten Welt wiederherzustellen und geschehenes Unrecht wiedergutzumachen. So entstehen Dramen voll starker Spannungen, in denen die historische Begebenheit von Mal zu Mal mehr zu einer problemgeschichtlichen und innermenschlichen Auseinandersetzung vertieft wird. Immer brennender wird angesichts dieser Entwicklung für Shakespeare die Frage nach dem Wesen des wahren Fürsten. Die beiden Teile von „Henry IV" und das Drama „Henry V" geben die Antwort darauf.

Der erste Teil von „Henry IV" wurde unter dem Titel „The Historye of Henry IV" gedruckt und dürfte in den Jahren 1596/7 entstanden sein, während der zweite bald darauf folgte. Zugrunde liegt wiederum ein rohes Quellenstück, das von Shakespeare überarbeitet worden ist, die „Famous Victories of Henry V", die um 1588 entstanden sind und 1594 in die Buchhändlerliste eingetragen wurden; doch stammt die erste bekannte Ausgabe erst aus dem Jahre 1598.

Heinrich IV. hat in den langen Jahren seiner Regierung um den tiefsten Sinn seiner Berufung gerungen, aber doch bei bestem Wollen immer nur die Last des Königtums empfunden. Schlaflos sind seine Nächte gewesen, und er beneidet den Matrosen, der beim Toben der See in seinem Mastkorb Ruhe findet, und den Armen, der in seiner kärglichen Hütte den Segen des Schlafes genießt. So kommen Zweifel über ihn, die nicht aus Schwäche stammen, sondern aus dem Gefühl des Erdrücktwerdens von der Last der Verantwortung. Als der Sohn dem Sterbenden die Krone fortnimmt und aufs eigene Haupt setzt, warnt der Vater ihn vor der 'greatness that will overwhelm thee'. Gewiß haben die Jahre seiner Königsherrschaft Heinrich Weisheit gelehrt, die aus unsagbaren Enttäuschungen geboren worden ist; aber sie hat sein Wollen nicht mehr beflügeln können, und er stirbt in der Erkenntnis, daß er seine Berufung nicht erfüllt habe, zumal er an der Schuld seines Thronraubs leidet.

Sein Sohn dagegen wird das ethische Hochziel seines Vaters erreichen. Die Weisheit, die ihm von jenem vermittelt worden ist, wird bei ihm bereichert durch das eigene Wissen um das Leben, das aus der unmittelbaren Berührung mit der Welt erwächst. Sein Weg zum Thron geht durch alle Höhen und Tiefen des Daseins hindurch. Der werdende

Herrscher muß alles aus eigener Erfahrung kennen, wenn er seiner Aufgabe gerecht werden will. So verbindet sich der junge Prinz mit dem dicken Ritter Sir John Falstaff und seinen Spießgesellen, nicht, um in deren Welt abzusinken, sondern um sie kennenzulernen und sie sich dienstbar zu machen. Er trennt sich von dieser unköniglichen Umgebung, als er nach dem Tode des Vaters zum Thron berufen wird. So sehr vielleicht auch die grausame Art, wie der neue König den Gefährten seiner Jugend zurückstößt, menschlich befremden mag (Schücking), die Trennung wird in dem Augenblick notwendig, wo Heinrich in das höhere Dasein seines Königtums eingeht.

Auch in diesem Drama erhebt sich der Rebell gegen das legitime Königtum. Es ist Henry Percy, der Sohn des Grafen von Northumberland, genannt der „Heißsporn“, ein feuriger Idealist. Sein Empörungswille, der ihn gegen die gesalbte Majestät des Königs aufstehen läßt, ist jedoch Verrat, weil hinter ihm nicht staatspolitische Notwendigkeit, sondern starrköpfiger Trotz steht. Er vertritt als einer der letzten die Ideale des alten Rittertums mit seinem stolzen Ehrbegriff, aber er muß in einer Welt scheitern, in der an die Stelle der mittelalterlichen Adelsmacht die neue Königsautorität getreten ist. Tapfer fechtend erliegt Percy Hotspur seinem Gegner, dem jungen Königssohn; fast wie ein Duell mutet dieser Kampf an, in dem es letzten Endes um den Zusammenprall zweier Wertwelten geht.

Welche Stellung nimmt in diesem weitgespannten politischen Raum der dicke Ritter Sir John Falstaff, der John Oldcastle des Quellenstücks, ein? In ihm lebt ohne Zweifel, literaturgeschichtlich gesehen, die Tradition des Clowns fort, des Possenreißers und Bramarbas. Darüber hinaus aber ist er auch der Träger eines menschlichen Schicksals. Daseinslust und Lebensfreude bestimmen ihn in einer Welt schwerer Erschütterungen; der gesunde Menschenverstand lenkt ihn da, wo andere in innerem Zerissensein kämpfen. Dieses Leben auf einer mittleren Linie bewahrt ihn wenigstens im ersten Teil davor, einerseits ganz in die Niederungen abzusinken und andererseits sich für Werte einzusetzen, die er nicht in sich trägt. So sehr Shakespeares Menschenkenntnis gerade an dieser Gestalt offenbar wird, so wenig berechtigt ist es jedoch, Falstaff zu stark in den Vordergrund zu stellen. Zu beiden Seiten des eigentlichen Helden des Stückes, des Prinzen Heinz (Hal), stehen der ehrbesessene Percy Heißsporn und der ehrvergessene Falstaff. Mit unverwüstlichem Humor setzt sich der sinnlich lügnerische Falstaff über alle sittlichen Begriffe von Moral, Wahrheit und Ehre hinweg und steht dem Ernst der ethischen Welt Percys verständnislos gegenüber. Er ist Shakespeares größte und überzeugendste humoristische Gestalt und eine der komischsten Figuren der Weltliteratur. Im zweiten Teil von „Henry IV" ist Falstaff nicht mehr so anteilvoll wie im ersten gezeichnet und ist auch moralisch gesunken. Der zum König gereifte Prinz läßt den typischen Vertreter des verkommenen Feudaladels am Ende fallen.

„Henry V", dessen erste Quarto aus dem Jahre 1600 stammt (Bad Quarto), muß zwischen März und September 1599 entstanden sein. In der Chorrede zu Beginn des 5. Aktes wird auf die Irlandexpedition des Grafen Essex angespielt, die in den März 1599 fällt. Im September desselben Jahres ist der Feldherr bei der Königin in Ungnade gefallen, so daß sich uns für die Entstehung des Stückes genaue Anhaltspunkte ergeben. Zugrunde liegen auch hier die „Famous Victories". Das Drama hat Festspielcharakter und besingt die Großtaten des Siegers von Agincourt, von dem der Chor zu Beginn jedes Aktes kündet. Der ideale Herrscher ist der Volkskönig, der von tiefem Empfinden für die Sorgen und Nöte derer erfüllt ist, die seinem Schutze anvertraut sind. Man könnte an den Fürstenspiegel des Erasmus denken, wenn sich Heinrich als christlicher Herrscher bezeichnet, der zwar, wenn es sein muß, auch hart sein kann, dessen höchstes Vorrecht aber die Gnade ist. Ihm gilt nur das Wohl des Landes, nichts sucht er für sich selber. Dieses völlige Sichlossagen von eigenen Interessen gibt ihm die wahrhaft königliche und menschliche Größe. Auf dem Schlachtfelde in Frankreich, wo er sich als Unbekannter unter die einfachen Soldaten mischt, gelingt es ihm, auch die Schotten und Waliser unter die große nationale Aufgabe zu sammeln. Diese Einigkeit stellt gleichsam die Erfüllung der Prophezeiung des Bastards aus „King John" dar und gibt dem Abschluß der Königsdramen die Hinwendung auf die eigene Zeit Shakespeares, in der England, getragen von den Bewegungen der Renaissance und des Humanismus, zu nationalem Selbstbewußtsein erwacht.

In der weihevollen Stimmung dieses Stückes, dem als Drama allerdings die inneren Konflikte fehlen, ist für Falstaff und seinen Kreis kein Raum. So wird nur der Tod des dicken Ritters berichtet, nicht ohne daß jedoch sein Sterben menschliche Anteilnahme erweckte.

Epilog: Es ist eine alte Auffassung, daß Shakespeare nach Vollendung des zweiten Teiles von „Henry IV" von der Königin die Aufforderung erhalten habe, Falstaff noch einmal auf die Bühne zu bringen. „The Merry Wives of Windsor" sind die Erfüllung dieses Versprechens Ein Feind des Theaters, der Friedensrichter William Gardiner aus London, wird (I, 1) durch eine Anspielung auf sein Wappen (drei weiße Hechte; Wortspiel zwischen luce und louse) verspottet (Hotson). Diese Anspielung auf die Zeitgeschichte verleiht dem Werke noch einen besonderen Charakter. Das Lustspiel ist ohne Zweifel aus einem bestimmten Anlaß entstanden, wahrscheinlich zur Feier des Festes des Hosenbandordens im Jahre 1597, wo es am Georgstag, dem 23. April, aufgeführt worden ist. In diesem Jahre erhielt auch der Graf von Mömpelgart (Herzog von Württemberg), der bereits 1592 nach England gekommen war, nach langem Warten von der Königin den Hosenbandorden, worauf ebenfalls im Stücke angespielt wird. Die neuere Forschung will in einem im Stück erwähnten Skandal mit Postpferden (IV, 3) einen Hinweis auf ein Erlebnis des Lord Admiral Howard sehen, das sich im November 1597 zugetragen haben soll, und die Anspielungen auf cozen Gamombles nicht auf Mömpelgart beziehen, sondern auf die Howardangelegenheit. Eine Aufführung im Hause des Grafen Essex, des großen Gegners des Lord Admiral, habe Shakespeare im Jahre 1598 veranlaßt, die in Frage kommende Szene mit den Postpferden einzufügen (Crofts).

Die „Merry Wives of Windsor" wollen also aus der Art und dem Anlaß ihrer Entstehung verstanden sein als Gelegenheitserzeugnis, ohne daß dem Lustspiel eine größere Bedeutung zukäme. Die Gestalt des Falstaff, der hier in eine derblustige Liebesintrige mit zwei Bürgerfrauen aus Windsor verwickelt wird, hat keineswegs mehr dieselbe Bedeutung wie in „Henry IV", sondern bewegt sich in einer ihm fremden Umgebung. Das Stück, das einzige bürgerliche Drama, das wir von Shakespeare haben, erhält seinen Wert durch die liebevolle Zeichnung des Kleinstadtlebens; sie legt wie so vieles in seinem Werk Zeugnis für die enge Heimatverbundenheit des Dichters ab.

Literatur:

W. Keller, Shakespeares Königsdramen (Shakespeare-Jahrbuch Bd. 63, 1927).

W. Gaedick, Der weise Narr in der englischen Literatur von Erasmus bis Shakespeare (Diss., Berlin 1928).

Agnes Hennecke, Shakespeares englische Könige im Lichte staatsrechtlicher Strömungen seiner Zeit (Shakespeare-Jahrbuch Bd. 66, 1930).

W. Clemen, Shakespeare und das Königtum (Shakespeare-Jahrbuch Bd. 68, 1932).

Alfred Hart, Shakespeare and the Homilies (London, Milford, 1935).

H. H. Glunz, Shakespeares Staat (Shakespeare-Jahrbuch Bd. 75, 1939) (erweitert in Buchform in der Sammlung: „Frankfurter wissenschaftliche Beiträge, kulturwissenschaftliche Reihe", Bd. 1, 1940).

Josef Kohler, Die Staatsidee in „Richard II." (Shakespeare-Jahrbuch Bd. 53, 1917).

W. Keller, Shakespeare als Überarbeiter fremder Dramen (Shakespeare-Jahrbuch Bd. 58, 1922).

John Bale, King John („The Malone Society Reprints" 1932).

H. Barke, Bales „Kynge Johan" und sein Verhältnis zur zeitgenössischen Geschichtsschreibung (Würzburg, Triltsch, 1937).

Walter F. Schirmer, Über das Historiendrama in der englischen Renaissance („Archiv", Bd. 179, 1941).

John Dawtrey, The Falstaff Saga (London, Routledge, 1927).

Walter Jacobi, Falstaff. Eine psychologisch-ästhetische Studie (Shakespeare-Jahrbuch Bd. 77, 1941).

E. Grether, Das Verhältnis von Shakespeares „Heinrich V." zu Sir Th. Elyots „Governour" (Diss., Marburg 1938).

Leslie Hotson, Shakespeare Versus Shallow (London, Nonesuch Press, 1931).

J. Crofts, Shakespeare and the Post Horses (London, Arrowsmith, 1937).

E. M. W. Tillyard, Shakespeare's History Plays (London, Chatto & Windus, 1944, 1948²).

Lily B. Campbell, Shakespeare's „Histories", Mirrors of Elizabethan Policy (London CUP., 1947).

J. Dover Wilson, Henry V. In: „The New (Cambridge) Shakespeare" (Cambridge UP., 1947).

W. Stroedel, Die Gestalt des Usurpators in Shakespeares Dramen (Shakespeare-Jahrbuch Bd. 87/88, 1951/2, S. 102—115).

R. A. Law, Links between Shakespeare's History Plays (in: „Studies in Philology", vol. L, 1953, pp. 168—187).

c) Der Weg nach Illyrien

Im Lustspiel sucht Shakespeare nach neuen Ausdrucksmöglichkeiten, nachdem er sich von Lyly befreit hat. Sein Streben geht dahin, die Grenzen zwischen dem Tragischen und dem Heiteren immer weiter aufzulockern und Tragik und Komik aus einer einzigen Wurzel erwachsen zu lassen. Noch gelingt ihm allerdings dieses Vorhaben nicht ganz; noch ist die Welt des Heiteren allzusehr mit einer wirklichkeitsfernen Romantik belastet, aber das Ziel steht ihm doch schon deutlich vor Augen.

Am wenigsten innerlich geschlossen ist von den Lustspielen dieses Zeitabschnitts „Much Ado about Nothing", das bei Meres 1598 nicht erwähnt, 1600 aber in das Buchhändlerregister eingetragen worden ist, also zwischen diesen beiden Jahren entstanden sein muß, wahrscheinlich 1599, ehe der Schauspieler Kempe, der in dem Stücke eine Rolle hatte, die Gesellschaft verließ. Der Stoff geht auf Ariosts „Orlando Furioso" (1516) zurück (Gesang 5), den Shakespeare wahrscheinlich in Sir John Haringtons Übersetzung (1591) kennenlernte. Auch der Bischof Matteo Bandello bearbeitete das Thema in einer rührseligen Novelle (1554), die von Belleforest ins Französische übersetzt worden ist („Histoires Tragiques", 1569 ff.), während sich in Deutschland um 1595 Jakob Ayrer in seiner „Comödie von der schönen Phoenicia" mit dem Stoff befaßte.

Äußerlich gesehen, erinnert noch manches an den Parallelismus bei Lyly, wenn dem Liebespaar Claudio und Hero ein zweites — Benedick und Beatrice — gegenübersteht. Es herrscht eine Symmetrie, die durch kreuzweise Verwechslungen noch geistvoller gemacht wird. Der großen pathetischen Liebe von Claudio und Hero entspricht die Herbheit und Stacheligkeit von Benedick und Beatrice. Die dramatische Bewegung des Stückes vollzieht sich in der Form einer plumpen Intrige, wobei der Bösewicht Don John die junge Hero bei Claudio verleumdet, so daß dieser sie dann am Hochzeitsaltar zurückstößt. Doch wird die hereinbrechende Tragik durch ein wenig überzeugendes Happy End abgebogen.

Schon Coleridge ist der Ansicht gewesen, daß dieses Lustspiel mit seiner völlig unwahrscheinlichen Handlung allein mit den Nebenpersonen steht und fällt. In der Tat sind eigentlich nur Benedick und Beatrice wirkliche Menschen von Fleisch und Blut, und außer an ihrer Lebensfrische erfreut man sich noch der Einfalt der Gerichtsdiener, die die

Lösung herbeiführen und dem so widerspruchsvollen Werke den heiteren Ausklang geben.

Trotzdem ist „Much Ado about Nothing“ wegweisend. Die unschuldig verleumdete Heldin ist eine Vorstufe zu Desdemona, wie auch die übrige Gruppierung der Hauptpersonen auf „Othello“ hinweist. Gewiß hat Don John, der sich ohne ersichtlichen Grund als Gegner des Liebespaares erweist, noch nicht die Ausmaße eines Jago, und die Eifersucht eines Claudio treibt die Handlung noch nicht so vorwärts wie die eines Othello; aber das Geschehen ist ausgesprochen tragisch, und das heitere Liebesgeplänkel der Nebenpersonen steht ganz unvermittelt daneben.

Viel stiller als „Much Ado about Nothing“ ist „As you like it“. Es ist keine Quarto des Stückes vorhanden, sondern nur die Folio von 1623. In das Buchhändleregister wurde die Komödie am 4. 8. 1600 eingetragen, und da Meres sie nicht erwähnt, wird man als Entstehungsjahr etwa 1599 ansetzen können. Shakespeares Quelle ist der arkadische Roman „Rosalind“ (1590) von Thomas Lodge. Vielleicht hat es sich zunächst um eine von der Königin angeregte Hofaufführung gehandelt (Eichler). Das Lustspiel ist eine romantische Komödie, die die Wirklichkeit der Dinge gleichsam traumhaft auflöst. Wenn der böse Herzog Frederick seinen Bruder in die Verbannung schickt, um sich selbst des Thrones zu bemächtigen, wenn unter den Söhnen des Edelmanns De Boys bittere Fehde ausbricht, so ist das nicht das wahre Leben. Dieses herrscht nicht an den Fürstenhöfen, sondern draußen im Ardenner Wald, wo der vertriebene Herzog mit seinen Getreuen Hof hält. Nie vorher ist die Aufgeschlossenheit Shakespeares für die Natur und das Gefühl, daß aus der Berührung mit dem Boden wirkliche Kraft erwächst, so stark zum Ausdruck gebracht worden wie hier. Der Ardenner Wald ist gleichsam das Symbol für ‘rural England’, nach dem sich der großstädtische Shakespeare immer stärker sehnt. Daher ist diese Romantik keine Weltflucht, sondern Quelle lebendiger Kraft.

In der Gestalt des melancholischen Jaques, eines Lords am Hofe des verbannten Herzogs, der nicht mit Orlandos Bruder, Jaques de Boys, zu verwechseln ist (ein Zeichen für Shakespeares Armut an französischen Namen), verspottet der Dichter den Typ des Melancholikers. Nach seiner Flucht in die Natur zieht er sich am Schluß ins Kloster zurück. Selbst im Ardenner Wald “misery doth part the flux of company"; die ganze Welt ist für ihn schließlich nur eine große Bühne (II, 7, 139.: "All the world's a stage" mit dem vanitas vanitatum-Thema), auf der die Menschen ihre Rolle spielen, und der Narr Touchstone ist der wahre Weise. Den Melancholikertyp als Zeiterscheinung hatte Timothy Bright in seinem „Treatise of Melancholy" (1586) zuerst analysiert; faßt er ihn noch mehr äußerlich-schematisch als 'humour' im Sinne Ben Jonsons, so hat Shakespeare aus ihm eine Charakterstudie gemacht, den Lebenspessimisten, den Grübler, der die Welt als Unordnung erlebt. Doch die Frage, ob die Welt verkehrt ist, wird nicht gestellt. Shakespeares Ironie zieht auch einen starken Trennungsstrich zwischen Jaques und Hamlet. Die Melancholie, die als damalige Modekrankheit auf die wissenschaftliche Theorie in der englischen Literatur des 16. und frühen 17. Jahrhunderts von Bedeutung war und sich in der Literatur jener Zeit widerspiegelt, äußert sich in den beiden Haupterscheinungsformen des apathischen und zynischen Malcontent (Hamlet) und des Liebesmelancholikers. Alle anklingende Schwermut und Düsterheit wird in diesem märchenhaften Lustspiel durch die Gestalt der Rosalind, der Tochter des verbannten Herzogs, überstrahlt. Sie gehört zu jenen anmutsvollen, lichten Frauen und Mädchen, die sich so zahlreich in Shakespeares Werk finden.

Von diesem Spiel führt der Weg zu „Twelfth Night; or What you Will". Da das Stück bei Meres nicht genannt wird, muß es nach 1598 entstanden sein. Erwähnt wird es allerdings erst im Tagebuch des Juristen John Manningham, der am 2. Februar 1602 (neuen Stils) von einer Aufführung des Werkes im Middle Temple berichtet. Der Titel „Twelfth Night" (Dreikönigsabend) weist jedoch auf eine frühere Erstaufführung hin. Die nahe Verwandtschaft mit „As you like it" läßt als Abfassungszeit auf 1600/1 schließen, so daß es den Abschluß einer heiteren, wenn auch von schwermütigen Stimmungen durchsetzten Schaffensperiode bildet.

Der Stoff geht auf eine italienische Komödie („Ingannati", 1537) zurück, die mehrfach in Italien nachgeahmt und auch in einer französischen Übersetzung überliefert worden ist. Bandello hatte den Stoff 1554 in einer Erzählung behandelt („Novelle"), die Belleforest ins Französische übertragen hatte („Histoires Tragiques", 1569 ff.). Die eigentliche Quelle Shakespeares dürfte jedoch die Erzählung „The Historie of Apolonius and Silla" sein, die sich in der Novellensammlung

„Farewell to the Military Profession" (1581) von Barnabe Rich findet. Auch hier aber ist, wie stets bei Shakespeare, nicht das Stoffliche entscheidend, sondern die Art der Behandlung, und bis zum heutigen Tage hat das reizende Lustspiel seine Wirkung namentlich auf Freilichtbühnen nicht verfehlt.

Noch einmal handelt es sich um ein anmutiges Spiel geistreicher Verwechslungen, dieses Mal dargestellt an Bruder und Schwester, die durch einen Schiffbruch voneinander getrennt werden. Viola kommt in das romantische Land Illyrien und gewinnt, als Page verkleidet, das Herz der schönen Gräfin Olivia. Der Kreis wird geschlossen, indem der Page seinerseits Orsino, den Herzog von Illyrien, liebt, der sich vergeblich um die Gräfin bemüht. Durch den am Ende auftauchenden Zwillingsbruder Violas, Sebastian, werden die Wirren noch vermehrt, aber schließlich findet alles ein glückliches Ende.

Fröhliches Lachen durchzieht diese späte Komödie der Irrungen, der Shakespeare in souveräner Unbekümmertheit den Untertitel „Was ihr wollt" gegeben hat; aber hinter aller romantischen Unbefangenheit wird auch hier Ernst und Anklage spürbar. Dieses Stück enthält Shakespeares großen Angriff auf die Puritaner, die leidenschaftlichen Gegner seiner Kunst. Die Zielscheibe seines Spottes ist der gravitätische Haushofmeister Olivias, Malvolio, ein Mucker, der allen Frohsinn verbannen möchte und der am Ende maßlos ausgelacht wird. Der Shakespeareschen Welt der Renaissance, die von Musik durchklungen ist, bleibt die puritanische Lebensverneinung fremd.

In die lichtvolle Atmosphäre der Renaissance gehört eine Viola hinein, die man in ihrer mädchenhaften Unberührtheit und leichten Schalkhaftigkeit neben Rosalind stellen kann; beide sind erfüllt von einem feinen Empfinden und begabt mit dem sicheren Instinkt, der in allen Lebenslagen das Richtige trifft.

Das Lustspiel bedeutet einen Abschied von der unbefangenen Heiterkeit und Romantik des Lebens, die im Idyll des Ardenner Waldes von „As you like it" und im Illyrien von „Twelfth Night" symbolhaften Ausdruck gefunden hat. Wenn die Landschaft später wieder in den beherrschenden Mittelpunkt tritt, so ist es dann das Elysium der Märchenspiele, das aber erst nach schweren inneren Kämpfen des Dichters erreicht wird.

Literatur:

Kenneth Muir and Sean O'Loughlin, The Voyage to Illyria (London, Methuen, 1937).
A. Eichler, „Love's Labour's Lost" und „As you like it" als Hofaufführungen („Englische Studien", Bd. 64, 1929).
George Skillan, As you like it, ed. (London, S. French, 1951).
C. T. Prouty, Much Ado about Nothing, ed. (New York, Crofts, 1948).
C. T. Prouty, The Sources of „Much Ado about Nothing" (New Haven, Yale UP., 1951).
A. Quiller-Couch and J. Dover Wilson, Twelfth Night; or What you will. In: „The New (Cambridge) Shakespeare" (Cambridge UP., 1949²).
Lawrence Babb, The Elizabethan Malady: A Study of Melancholia in English Literature from 1580 to 1642 (Michigan, East Lansing, 1951).
Carroll Camden, The Elizabethan Woman (New York, Houston; London, The Elsevier Press, 1952).

Drittes Kapitel: Der Wissende (1600—1609)

Der neue Abschnitt im Schaffen Shakespeares, der um die Jahrhundertwende einsetzt, wird von mehreren äußeren Ereignissen eingeleitet, von denen die Essex-Tragödie den Dichter ohne Zweifel innerlich am stärksten berührt hat. Der glänzende Höfling Elisabeths war in Ungnade gefallen, deren Ursache zum Teil in den verschiedenen Temperamenten des ehemaligen Günstlings und der Königin, zum Teil in dem unglücklichen Irlandfeldzug zu sehen ist (1599). Er wird vor Gericht gestellt, macht sich zum Anstifter einer Verschwörung gegen Elisabeth und wird im Februar 1601 als Hochverräter hingerichtet. Wenn Shakespeare, wie bereits im Zusammenhang mit der Aufführung von „Richard II" am Tage vor dem Aufstand erwähnt wurde, auch an dem ganzen Vorfall nicht beteiligt gewesen ist, so hat ihn dieser Verrat doch stark ergriffen, zumal auch Southampton in den Prozeß hineingezogen wird und nur im letzten Augenblick dem Schafott entgeht. Die tragische Stimmung allerdings, die jetzt immer deutlicher in Shakespeares Werk spürbar wird, ist wohl kaum mit diesem politischen Geschehen in Verbindung zu bringen (C J. Sisson, R. W. Chambers); sie ist vielmehr in ihrem weltanschaulichen Gehalt das Ergebnis inneren Reifwerdens.

In seiner Familie brachten der Tod des Vaters im Jahre 1601 und der der Mutter im Jahre 1608 bedeutsame Veränderungen. Auf der anderen Seite vergrößert sich der Kreis durch die Heirat der ältesten Tochter Susannah mit John Hall, einem Arzte. Zwar wohnte Shakespeare noch in London bei einem Hugenotten, dem Perückenmacher Mountjoy, aber seine Besuche in Stratford waren ohne Zweifel häufig. Der Tod der Königin Elisabeth, der großen Gönnerin des Theaters, konnte natürlich nicht ohne Einfluß auf Shakespeare bleiben, wenn auch nicht in dem Sinne, daß der Dichter und sein Theater nun mehr oder weniger schutzlos geworden wären, dazu war der neue König Jakob I. selber viel zu sehr Literat. Aber des neuen Herrschers Veranlagung war ernster als die Elisabeths, und so kamen die großen Tragödien, die Shakespeare in dieser Epoche schrieb, auch in weitem Maße dem Geschmack des Königs entgegen. Das höfische Theater, dem der Dichter auch weiterhin in hohem Maße zugewandt blieb, bekam gegenüber dem der Elisabethzeit eine andere Richtung. Es war nicht grundsätzlich pessimistisch, so wenig wie die Epoche Jakobs selber nur durch barocke Lebensverdüsterung bestimmt wurde, aber das neue Drama war doch problematischer. Die Pulververschwörung des Jahres 1605 zeigte deutlich, daß Shakespeare dem neuen König dieselbe Loyalität entgegenbrachte wie Elisabeth, und der Hinweis auf die Stuartdynastie in „Macbeth“ darf als ein weiterer Beweis für die Staatstreue Shakespeares angesehen werden.

a) In Bereitschaft sein ist alles

An der Wende steht das Römerdrama „Julius Caesar“, ein Werk, das noch vieles mit den Königsdramen gemein hat, gleichzeitig aber schon den Weg zu den großen Tragödien der neuen Epoche anbahnt. In diesem Drama hat Shakespeare einen sehr beliebten Stoff bearbeitet. Von den vielen Cäsarstücken ist ohne Zweifel dasjenige, das 1594 von den ‘Admiral’s Men’ unter dem Titel „Caesar and Pompey“ aufgeführt wurde, das erfolgreichste gewesen. Seine Hauptquelle ist jedoch Plutarch in der Übersetzung von Sir Thomas North (1579). Er übernimmt ganze Szenen daraus, namentlich solche, in denen die Handlung schon in dramatisierter Form dargestellt ist. Über die Datierung gibt sowohl eine Anspielung Ben Jonsons „Every Man out of his Humour“ (1599) als auch das Tagebuch des Schweizers Thomas Platter Aufschluß, der am 21. 9. 1599 eine „Julius

Caesar"-Aufführung im Globe Theatre sah, bei der es sich mit Sicherheit um das Shakespearestück handelte.

So stark die äußere Abhängigkeit vom Stoff ist, so sehr ist gerade in diesem Falle der Dichter innerlich über seine Quelle hinausgegangen und hat in dieses Werk die großen Spannungen hineingelegt, die seine Seele erfüllten. Wiederum geht es um das Wesen des Staates. Cäsar verkörpert das weltpolitische Denken, das sich nicht von ethischen Voraussetzungen lenken läßt, sondern allein dem Machtgedanken lebt. Er selber ist gewissermaßen der Staat. Sein Charakter hat jedoch nicht mehr die Ungebrochenheit des Übermenschen. Vielmehr hindert ihn seine innere Veranlagung daran, das zu werden, was ihm als Wunschbild vor der Seele schwebt. Seine körperliche Schwäche, die ihn in entscheidenden Augenblicken des Handelns fieberkrank macht; sein Versagen in Situationen, wo er als Machtmensch hätte durchhalten müssen; sein Schwanken vor Entscheidungen, die klaren Verstand und nüchternes Denken erfordert hätten; alles das ruft jene Spaltung seines Wesens hervor, die ihn nicht zur Entfaltung seines eigenen Selbsts kommen läßt. Trotzdem aber muß man sich hüten, die Cäsargestalt zu sehr aus dieser Schwäche heraus erklären zu wollen und zu übersehen, daß die von ihm vertretenen weltpolitischen Ideen doch den Zug ins Große und Gigantische haben. Sie entspringen einem Geiste, der mächtiger ist als der Körper, der auch über den Tod hinaus fortwirkt und schließlich die vernichtet, die den Kampf gegen Cäsar und seine Gedanken aufgenommen haben.

Das ist in erster Linie Brutus, der dem Machtstreben Cäsars die durch äußere und innere Ordnung gebundene Freiheit der sittlichen Persönlichkeit entgegenstellt. Während Cäsar das Wesen des Renaissancemenschen in sich trägt, ist Brutus Humanist, der durch die Stoa hindurchgegangen ist. Während jener ausgesprochen realpolitisch denkt und handelt, ist dieser Idealist, der mit einer fast doktrinären Starrheit seine Ziele verfolgt. Beide stehen hier mit gleich großen Ansprüchen einander gegenüber; deswegen gibt es letzten Endes auch weder Sieger noch Besiegten; sondern Sieg und Niederlage sind unlösbar miteinander verflochten; Cäsar fällt, aber seine Idee lebt weiter, und Brutus, der Sieger, geht zugrunde, weil er erkennen muß, daß er die aus den Fugen geratene Welt nicht wieder in Ordnung bringen kann. Der Kampf geht um diametral entgegengesetzte Grundsätze, aber er wird geführt von Menschen, die sich innerlich nahestehen und ihrem Wesen nach zueinander gehören. Als Cäsar den Mordstahl des Brutus gegen sich gerichtet sieht, entringt sich seinen sterbenden Lippen das schmerzlich-klagende: 'Et tu, Brute?' Und Brutus muß den Todesstreich gegen einen Menschen führen, den er aus ganzem Herzen liebt. Sein Freitod auf dem Schlachtfeld ist daher die einzige Möglichkeit für diese wirklich tragische Gestalt, die Antonius im Schlußwort den besten Römer nennt. Antonius deutet auch das eigentliche Brutusproblem an, nämlich das Sich-für-die-Sache-Einsetzen, selbst wenn die eigene Person dabei zugrunde geht. In anderem Zusammenhang und von anderen Voraussetzungen aus spricht Othello das Wort von der Sache, die sein Handeln verlange, auch er ein Mann, der an dem unlösbaren Konflikt zwischen Lieben-müssen und Hassen-sollen zerbricht.

Außer Goethes „Faust" gibt es kein zweites Werk in der Weltliteratur, das so voller Rätsel und Geheimnisse ist wie der „Hamlet". Hier spricht die Weisheit letzter schöpferischer Gestaltung zu uns, und jeder Versuch, sich mit „Hamlet" auseinanderzusetzen, bedeutet die Verpflichtung, diesem gewaltigen Werke mit größter Ehrfurcht zu nahen.

Sage und Geschichte haben zusammengewirkt, um den Stoff zu formen. In allen Zonen und bei allen Völkern gibt es sagengeschichtliche Parallelen (Schick). Wenn daher der dänische Chronist Saxo Grammaticus am Ende des 12. Jahrhunderts in seiner „Historia Danica" die Hamletgeschichte im dritten Buche erzählt, so ist das bereits ein literarischer Niederschlag mannigfacher volkskundlicher und sagengeschichtlicher Kombinationen. Was der Historiker erzählt, ist allerdings nur äußeres Geschehen ohne seelische Durchdringung. Den Stoff übernimmt der Franzose Belleforest in seinen „Histoires Tragiques" (1569 ff.), und von hier aus führen die Linien nach England. Der Satiriker Nashe spielt in seiner von seinem Freunde Robert Greene im Herbst 1589 veröffentlichten Schrift „Menaphon" auf einen Senecaschüler an, der 'will afford you whole Hamlets, I should say handfuls of Tragical speeches'. Der Name des Dichters wird zwar nicht genannt, aber es kann keinem Zweifel unterliegen, daß Kyd gemeint ist, dessen „Spanish Tragedy" im Jahre 1589 das Gespräch Londons war. Dieser „Urhamlet" selber ist zwar verlorengegangen; er bildet aber die Quelle sowohl des Shakespeareschen Dramas als auch der deutschen Bearbeitung („Der bestrafte Brudermord"), die in den Spielplan der Komödianten des 17. Jahrhunderts aufgenommen worden und in einer Handschrift von 1710 erhalten ist.

Shakespeares Drama ist in einer fehlerhaften Quarto (Q 1) vom Jahre 1603 überliefert, die erst 1821 entdeckt worden ist (Corambis-Text, nach dem ursprünglichen Namen des Polonius). Bemerkenswert ist, daß die Mutter hier noch auf seiten des Sohnes steht. Der Zusatz, daß das Drama 'in the two Universities of Cambridge and Oxford and elsewhere' gespielt worden ist, läßt auf Reisen der Theatergruppe Shakespeares in die Provinz schließen. Es handelt sich hierbei um einen Raubdruck, der zwar früher veröffentlicht wurde, aber später entstanden ist als der ursprüngliche Shakespeare-Text, wie er in der zweiten Quarto von 1604 und in der Folio von 1623 überliefert ist. Er beruht teils auf der Bühnenfassung des Shakespeareschen „Hamlet", teils auf Thomas Kyds verlorengegangenem „Urhamlet", und zuletzt auf eigenen Zutaten des Räubers, der wohl in beiden Stücken als Schauspieler mitgewirkt hat. Wie schlecht sein Gedächtnis war, zeigt deutlich ein Vergleich des bekannten Monologs "To be, or not to be" (III, 1) der ersten „schlechten" mit der zweiten „guten" Quarto. Dieser Raubdruck zwang Shakespeare und seine Truppe, die bis dahin zurückgehaltene wahre Bühnenfassung (Q 2) im Jahre darauf zu veröffentlichen mit dem bezeichnenden Zusatz: 'Newly imprinted and enlarged to almost as much again as it was, according to the true and perfect Copie' (1604). Hierbei haben wir es höchstwahrscheinlich mit dem Druck eines Shakespeare-Manuskripts zu tun (Dover Wilson). Die zweite Quarto umfaßt rund 4000 Zeilen gegenüber 2143 der ersten Quarto. Auffällig ist die große Länge dieser Fassung, die weit über die mögliche Aufführungsdauer von zwei bis zweieinhalb Stunden hinausgeht und den Gedanken nahelegt, daß Shakespeare manche seiner Stücke auch für ein Lesepublikum geschrieben habe (Schücking), etwa als Lektüre in Hofkreisen. Gegenüber dieser wenn auch von Druckfehlern stark durchsetzten Ausgabe erkennt man neuerdings der Folio von 1623 nicht mehr den ersten Rang zu, da sie kaum unmittelbar auf das Manuskript zurückgeht, sondern wahrscheinlich auf ein nach der Originalfassung hergestelltes Regiebuch (D. Wilson). In der Folioausgabe fehlen gegenüber der zweiten Quarto rund 200 Zeilen meist moralisierender und philosophischer Art, darunter der lange Monolog Hamlets im vierten Akt (IV, 4); überdies weist sie mancherlei Änderungen auf. Die neueren Herausgeber bringen einen aus der zweiten Quarto und der Folio zusammengestellten Text, der somit länger ist als jede der Vorlagen.

Die Zeit der Entstehung dürfte kurz nach der von „Julius Caesar" anzusetzen sein, und das Jahr 1601 gilt als das wahrscheinlichste. Die These, daß das im Jahre 1589 von Nashe erwähnte Stück das Drama Shakespeares sei (Cairncross), ermangelt des schlüssigen Beweises und hat nur Vermutungscharakter.

Die Geschichte der Hamletdeutungen in Deutschland beginnt mit Goethes Analyse in „Wilhelm Meisters Lehrjahren" (1775), der in ihm den nicht zur Tat kommenden Grübler sieht, eine Auffassung, die weithin von der Romantik übernommen worden ist. Es ist dann Mode geworden, das Deutschland der Denker und Dichter mit diesem Hamlet gleichzusetzen, wie es namentlich Freiligrath versucht hat (1844). Neuere Forscher wie Schick, Brandl und Keller betonen dagegen den starken Charakter, der nicht in entschlußloser Gedanklichkeit verharrt, sondern sich in der Tat bewährt. „Der psychologische Widerspruch ist historisch zu erklären: der Rächer Hamlet war durch die Quelle, der Denker Hamlet durch die Umwelt und Geistesverfassung des Dichters gegeben. In der nicht restlosen Vereinigung beider durch den Dichter liegt das Hamletproblem. Den besten Mann nach damaligem Urteil versetzte er phantasievoll in das Rächeramt der altüberlieferten Fabel; es ist ein geistiger Anachronismus, der mit den Kanonenschüssen (I, 2, 126) und Wittenbergstudien im Dänemark der Zeit vor Saxo die gleiche Stufe einnimmt" (Brandl).

Zwischen den beiden entgegengesetzten Auffassungen — Hamlet, dem Grübler und tapferen Rächer — steht vermittelnd die Deutung Schückings, der den Sinn des Hamlet aus dessen seelischer Veranlagung als Melancholiker zu begreifen sucht. Sie verursache jene Schwächung des Willens, die sein Handeln lähme, sie erkläre aber auch die spontane Leidenschaftlichkeit, die dieser Gestalt einen Zug ins Heroische gebe. Auch die so stark durchbrechende Grausamkeit sei symptomatisch für den Melancholiker, der hier — über die zeitbedingte Erscheinungsform hinauswachsend — ins Allgemein-menschliche erhoben werde. Die Hamletdeutungen, die vom Psychologischen aus an das Problem herangehen, geraten allerdings leicht in Gefahr, in dem Helden des Dramas einen Menschen von Fleisch und Blut und nicht das Erzeugnis dichterischer Phantasie zu sehen. Das gilt namentlich für die von medizinischer Seite ausgehenden Versuche, Hamlet vom Pathologischen her zu erklären. Die verbreitetste Deutung des Hamletproblems dieser Art hat ihren Ursprung in einer Fußnote, die sich in dem Buche „Traumdeutung" (1900) des Wiener Psychoanalytikers Sigmund Freud findet. Der Engländer Ernest Jones, ein früher Anhänger Freuds (seit 1906), hat schon 1910 die Auffassung vertreten (im „American Journal of Psychology", vol. XXI, 72: „The Oedipus-Complex as an Explanation of Hamlet's Mystery"), daß die Hamletlegende ein komplizierter und verkleideter Bericht der Liebe eines Knaben zu seiner Mutter sei, aus der sich Eifersucht und Haß gegenüber seinem Vater entwickeln (Ödipus-Komplex). In seinem neuesten Buch über „Hamlet and Oedipus" (1949) hat Ernest Jones, der jetzt Präsident der Internationalen Psychoanalytischen Gesellschaft ist, die Freudsche tiefenpsychologische Hamlet-Interpretation noch weiter ausgebaut und im „International Journal of Psycho-Analysis" (1948), 174—176, nunmehr auch den Mord an Hamlets Vater durch ins Ohr geträufeltes Gift vom psychoanalytischen Standpunkt aus untersucht.

Die Beurteilung des Dramas kann letzten Endes überhaupt nicht ausschließlich von der Ebene der modernen Psychologie aus erfolgen, sondern muß sich mit dem Versuch verbinden, das Werk aus der Wertwelt der geschichtlichen Epoche zu begreifen, in der es entstanden ist. Wenn Schücking den Melancholikertyp herausarbeitet oder Dover Wilson die Frage der Erscheinung des Geistes in engstem Zusammenhang mit den verschiedenen zeitgeschichtlichen Auffassungen untersucht, dann sind das ohne Zweifel wertvolle Beiträge zu einer befriedigenden Lösung des Hamletproblems. Von dieser Grundlage aus lassen sich die Gedanken weiterführen, und man wird in dem Hamletdrama hinter dem spannenden Handlungsgefüge, das das Werk in die Reihe der Rachetragödien einordnet, Shakespeares große Auseinandersetzung mit dem Weltanschauungsgut seiner Zeit erkennen.

Auch in „Hamlet" geht es um die Wertgegensätze Ordnung und Chaos, in denen wir die entscheidenden Ausdrucksformen der durch Humanismus und Renaissance bestimmten Kultur sehen dürfen, und die sich im Barock zu einer das ganze Dasein aufspaltenden Polarität steigern. In dieser Übergangssituation von der Renaissance zum Barock hin steht das Drama. Hatte Shakespeare in den frühen Lustspielen das Thema mit heiterer Leichtigkeit als Gesellschaftsspiel behandelt, war das Problem in den Königsdramen zu einem Ringen um das Wesen des Staates geworden, so handelt es sich nunmehr um die dynamische Auseinandersetzung gewaltiger, Schuld und Schicksal miteinander verknüpfender Entscheidungen. Hamlet trägt die Idee der Ordnung des Lebens in sich, die bei ihm aus seinem humanistischen Bewußtsein erwächst. Sie ist ihm Sitte und Glaube, Inhalt und Aufgabe des Daseins, und die Vorsehung erscheint ihm dazu berufen, Schützerin dieser letzthin kosmischen Ordnung zu sein. Das Schicksal will es nun aber, daß er in Lebenszusammenhänge hineingestellt wird, die einer Harmonie des Seins hohnsprechen. Er steht in einer Welt, in der die Bande der Familie aufgelockert sind (Verhältnis zur Mutter), in der sich Menschen durch Verbrechen den Weg zum Thron gebahnt haben (König Claudius) und die Liebe durch tragische Schicksalsverkettung zu einer grausamen Enttäuschung wird (Verhältnis zu Ophelia). So ist die Welt für Hamlet aus den Fugen geraten; die Natur selber ist geschändet, und die Botschaft des Geistes an Hamlet bedeutet gleichsam den Auftrag der Vorsehung an den Dänenprinzen, die zerstörte Ordnung wiederherzustellen. Hamlet hört den Ruf des Schicksals und ist auch bereit, ihm zu folgen; aber sein stark ausgeprägter Intellekt macht den Wissenden zum Zaudernden. Der Humanist Hamlet hat nicht ohne weiteres die Kraft, die Welt wie Richard III. nach seinem Willen zu formen — er gleicht dem Brutus des Cäsardramas. Doch wenn er auch zaudert, ist er nicht zaghaft, und er stirbt in dem Bewußtsein, Wegbereiter einer neuen Ordnung gewesen zu sein. Diese Tragödie bleibt die sinnschwerste und unausschöpfbarste, die Shakespeare geschrieben, wenn sie auch vom dramentechnischen Gesichtspunkt aus nicht die künstlerisch geschlossenste ist (Schirmer). Die Rolle des Hamlet hat von jeher alle großen Schauspieler der Welt wegen ihrer Schwierigkeit und Rätselhaftigkeit, die Spielraum für die verschiedensten Auffassungen bietet, gereizt, etwa den Engländer David Garrick (1717 bis 1779), den Russen Pawel Motschalow (1800—1848), den Amerikaner Edwin Booth (1833—1893), den Österreicher Josef Kainz (1858—1910) und den Deutschen Gustaf Gründgens, der eine beachtenswerte kurze Selbstäußerung über sein Hamletspiel gegeben hat (Shakespeare-Jahrbuch 1941). Die Rolle P. S. Motschalows im „Hamlet" 1837 ist von dem bedeutendsten literarischen Kritiker Rußlands, W. G. Belinskij (1811—1848), in einem berühmten Aufsatz über „Hamlet, das Shakespearesche Drama und Motschalow in der Rolle des Hamlet" beschrieben, der für die russische dramatische Kritik klassisch geworden ist. Schon der erste Hamletdarsteller, Shakespeares Theaterdirektor Richard Burbage, steigerte sich vollkommen in die Hamletrolle hinein und rief einen tiefen Eindruck bei den Zuschauern hervor. Er gilt als der größte englische Schauspieler neben David Garrick, dem kleinen großen Mann aus Lichfield, dessen Begräbnisfeier (1779) der eines Königs glich, und der in der Westminster-Abtei beigesetzt wurde.

Literatur:

L. Morsbach, Shakespeares Cäsarbild (Halle, Niemeyer, 1935).
M. Deutschbein, Die Tragik in Shakespeares Julius Cäsar (in: „Anglia", Bd. 62, 1938).
M. Wickert, Antikes Gedankengut in Shakespeares Julius Cäsar (in: „Shakespeare-Jahrbuch", Bd. 82/3, 1948).
J. Dover Wilson, Julius Caesar. In: „The New (Cambridge) Shakespeare" (Cambridge UP., 1949).
J. Dover Wilson, Ben Jonson and „Julius Caesar" (in: „Shakespeare Survey", ed. by A. Nicoll, vol. 2, pp. 36—43, Cambridge UP., 1949).
W. Viëtor, Hamlet. Parallel Texts of the First and Second Quartos and the First Folio (Marburg, Elwert, 1891, 1913²).
Corpus Hamleticum. Hamlet in Sage und Dichtung, Kunst und Musik. Hsg. von J. Schick. I. Abt.: Sagengeschichtliche Untersuchungen. Bd. 1—5 (Leipzig, Harrassowitz, 1912—38).
L. Morsbach, Der Weg zu Shakespeare und das Hamletdrama (Halle, Niemeyer, 1923).
B. A. P. van Dam, The Text of Shakespeare's Hamlet (Cambridge 1924).
Cumberland Clark, A Study of Hamlet (Oxford, Blackwell, 1926).
J. Dover Wilson, The Manuscript of Shakespeare's „Hamlet" and the Problems of its Transmission (2 vols., Cambridge UP., 1934).
L. L. Schücking, Der Sinn des Hamlet (Leipzig 1935).
J. Dover Wilson, What Happens in „Hamlet"? (Cambridge UP., 1935; 1940², 1951³).
W. Keller, Hamlets wunderliches Wesen (in: „Die Neueren Sprachen", 1937).
H. Granville-Barker, Prefaces to Shakespeare, vol. III: Hamlet (London, Sidgwick & Jackson, 1937).

Th. M. Parrott and Hardin Craig, The Tragedy of Hamlet: A Critical Edition of the Second Quarto (Princeton UP., 1938).
O. J. Campbell, Shakespeare's Hamlet. The Second Quarto, with Introduction (California 1938).
J. W. Draper, The Hamlet of Shakespeare's Audience (Durham, N.C., Duke UP., 1938).
H. H. Glunz, Das Problem des „Hamlet" heute (in: „Die Neueren Sprachen", Bd. 46, 1939).
H. H. Glunz, Der „Hamlet" Shakespeares (Frankfurt/M., Klostermann, 1940).
F. T. Bowers, Elizabethan Revenge Tragedy 1587—1642 (Princeton UP., N.Y., 1940).
L. Morsbach, Shakespeares dramatische Kunst und ihre Voraussetzungen, mit einem Ausblick auf die Hamlettragödie (in: Abhandlungen der Gesellschaft der Wiss. zu Göttingen, Phil.-hist. Klasse, Nr. 25, 1940).
G. I. Duthie, The „Bad" Quarto of „Hamlet": A Critical Study (Cambridge UP., 1941).
L. L. Schücking, Hamlet, Englisch und deutsch, mit Einl. und Anm. hsg. (Jena, Dieterich, 1941, 1943[2]).
P. Meissner, Gestaltung und Deutung des Tragischen bei Shakespeare (in: „Shakespeare-Jahrbuch", Bd. 80/81, 1946).
M. Deutschbein, Der Hamletmonolog „To be or not to be" (in: „Shakespeare-Jahrbuch", Bd. 80/81, 1946).
Ernest Jones, Hamlet. With a Psycho-analytical Study (London, Vision Press, 1947).
Marcel Pagnol, Hamlet: Trad. et préface (Paris, Nagel, 1947).
P. S. Conklin, A History of „Hamlet" [1601—1821] (London, Cumberlege, 1947).
J. Dover Wilson, Hamlet. In: „The New (Cambridge) Shakespeare" (Cambridge UP., 1948).
R. A. Schröder, Shakespeares Hamlet. In: „Deutsche Beiträge", Heft 1 (Nymphenburg 1948).
H. Oldendorf and H. Arguile, Hamlet. With Introduction and Notes (Cape Town 1948).
Margaret Barton, Garrick (London, Faber & Faber, 1948).
Ernest Jones, Hamlet and Oedipus (London, Gollancz, 1949).
Richard Flatter, Hamlet's Father (New Haven, Yale UP., 1949).
C. C. H. Williamson, Readings on the Character of Hamlet, 1661 to 1947, compiled from over three hundred Sources (London, Allen & Unwin, 1950).
H. J. Lüthi, Das deutsche Hamletbild seit Goethe. In: „Sprache und Dichtung", Heft 74 (Bern 1951).
William Shakespeare: Hamlet, First Quarto, 1603. Shakespeare Quarto Facsimiles, No. 7 (London 1951).
Joseph Gregor, Was ist uns Hamlet? (in: „Shakespeare-Jahrbuch", Bd. 87/88, 1951/52, S. 9—25).

b) Die Dark Comedies

Um den Gedanken der Ordnung geht es auch in „Troilus and Cressida". „Das unromantische, ja antiromantische Stück hat zwei Brennpunkte, die Themen des Krieges und des Eros. Zunächst den des Krieges: Shakespeare entlarvt seine Scheinwerte. — Wie in der Welt des Makrokosmos müssen auch in der Welt des Menschen, in seinem gesellschaftlichen und politischen Sein, Ordnung und Stufung bestehen, denn sonst werden die Grundlagen des Rechtes und der Gemeinschaft erschüttert. Die Gewalten kehren sich gegeneinander. Das ‚homo homini lupus' wird zur schrecklichen Parole (Shakespeare gebraucht bereits dieses Bild des Wolfes!). Macht wird zum Recht (so wörtlich!), und alles Leben endet im ‚Chaos'. — Es sei noch festgestellt, daß der Krieg ausdrücklich und unausdrücklich in verschiedenen Seiten seiner Fragwürdigkeit geschaut wird. — Schließlich gibt es den Nutznießer am Kriege wie Paris, den launisch verwöhnten Star wie Achilles, den stupiden Kraftmeier und Grobian wie Ajax, der den Typ des bramarbasierenden ‚Militaristen' in der Kombination von Dummheit und roher Kraft repräsentiert. Der Terminus *militarist* wird in dem Nachbarstück 'All's Well' auf Parolles angewendet (IV, 3, 161) und scheint (nach NED) Neuprägung und erster Beleg zu sein" (H. Heuer).

Die erste Quarto erscheint 1609 mit einer marktschreierischen Vorrede, wie sie sonst bei Shakespeare nicht üblich ist. Auffällig ist ferner, daß das Stück in der Folioausgabe zunächst unter den Tragödien gestanden hat (nach „Romeo and Juliet"), dann aber unter die Abteilung „Historien" rückte. Wenn es in der erwähnten Vorrede heißt, daß „Troilus and Cressida" noch nie auf der Bühne gespielt worden sei, so widerspricht dem die Tatsache, daß am 7. Februar 1603 ein Drama mit dem gleichen Titel in das Buchhändlerregister eingetragen worden ist. Es ist mit großer Wahrscheinlichkeit anzunehmen, daß es sich dabei um Shakespeares Werk handelt, das im Jahre 1602 geschrieben sein dürfte.

Der S t o f f ist antikes Erbe, und zwar im ganzen Mittelalter berühmt. Um 1160 schreibt der Chronist Benoit de Sainte-Maure, gestützt auf Ovid und ein Machwerk des phrygischen Priesters Dares, einen französischen Ritterroman, in dessen Mittelpunkt die Liebesgeschichte des trojanischen Königssohnes Troilus und Briseis, der Tochter des Kalchas, steht, deren Herz indessen dem Griechen Diomedes gehört. Ein Jahrhundert später behandelt Guido delle Colonne, ein

Richter aus Messina, den Stoff in Form einer lateinischen Prosaerzählung („Historia Troiana", 1287). Aus beiden Quellen schöpft Boccaccio in seinem Epos „Filostrato" (1338). Die Geliebte des Troilus heißt hier in Anlehnung an Homer Chryseis. Sie hat einen Verwandten, den Phrygier Pandarus, einen jungen Höfling, der Troilus in seiner Verzweiflung tröstet. In dieser italienischen Fassung haben wir den Gegenstoß gegen die hohe Minne, wie sie Dante und Petrarca besingen. Boccaccio ist die Quelle für die Bearbeitung Chaucers gewesen, der in seinem Epos „Troilus and Criseyde" (zwischen 1372 und 1386) als erster das Thema wirklich gedanklich vertieft. Das gilt namentlich für die Gestalt der Criseyde, die viel zurückhaltender erscheint als in der italienischen Vorlage. Zwischen den beiden Liebenden steht Pandarus, der hier der Onkel der Criseyde ist, ein alter Junggeselle, dessen Liebeserfahrungen weit zurückliegen und der aus gutem Herzen heraus, wenn auch mit ein wenig Lüsternheit, dem Treiben der Jugend zuschaut. Hier gestaltet ein Künstler, dem nichts Menschliches fremd ist. — Noch durch mehrere andere Bearbeitungen ist der Stoff geformt worden. John Lydgate hat ihn in seinem Buche „Sege of Troye" (zwischen 1412 und 1420) behandelt, das William Caxton 1475 als sein erstes englisches Werk druckt („Recuyell of the Historyes of Troye"). Schließlich hat der Schotte Robert Henryson (1430?—1506) die Geschichte der Cressida in seinem „Testament of Cresseid" über Chaucer hinaus fortgeführt, worin er als echter Moralist die Geliebte des Troilus zu einem elenden Bettlerweib herabsinken läßt.

Shakespeare hat aus diesem Stoff eine seiner problematischsten Komödien gemacht, in der die gedanklichen Auseinandersetzungen um den Sinn des Daseins einen breiten Raum einnehmen. Das Stück ist mehr als eine Satire auf die hohe Liebe, so bitter auch der Ton sein mag, so sehr sich eine Cressida in ihrer Selbstsucht und Untreue auch von den edlen Frauengestalten des früheren Shakespeare abhebt. In dieser Welt scheint der Kuppler Pandarus den Ton anzugeben. Hier herrscht das Chaos, herbeigeführt durch die völlige Umkehr menschlicher Wertgrundsätze. Die sinnliche Lust hat die Ordnung der Welt zerstört. Das, was in den Sonetten als gefährliches Verhängnis angedeutet wurde, ist hier in den Bereich der Wirklichkeit getreten. Aber auch hier muß der Kampf um die Ordnung ausgefochten werden. So hoch auch Shakespeare seit seinen Königsdramen die festgefügte Lebensform des Rittertums schätzt, sie hat keinen

Wirklichkeitscharakter mehr. Das hat Shakespeare an der Tragödie des Grafen Essex gesehen, die möglicherweise in dem Geschick des ritterlichen, aber an dem Leben vorbeigehenden Hektor einen Niederschlag gefunden hat. Die Kraft der Ordnung, die allein alles Chaos überwinden kann, wie Shakespeare durch Odysseus, das Sprachrohr seiner Ideen, künden läßt, liegt in der Bereitschaft, allen Parteihader zu begraben und sich in das große Ganze einzufügen. Aus dieser Ordnungsidee lebt der Kosmos, und sie muß auch das Zusammenleben der Menschen bestimmen (I, 3); sie ist Quelle der Kraft auch da, wo Menschen Verrat üben und wo die Schlechtigkeit zu triumphieren scheint. Gewiß, das Stück schließt mit einem Gedankenstrich. Troilus, dem das bitterste Leid widerfahren ist, wird nicht wie Hamlet zum Vorkämpfer einer neuen Wertordnung. Er tritt von der Bühne ab und überläßt Pandarus das Feld. Man braucht darin jedoch nicht ein Kapitulieren vor den Mächten des Chaos zu sehen, sondern darf mit W. Keller an eine Beeinflussung durch Henryson glauben, der Troilus nicht tragisch sterben ließ.

Zu den 'dark comedies' (Charlton) gehört auch „All's Well that Ends Well" mit dem Grundthema des Kampfes zwischen Schein und Sein. Das Datum der Entstehung ist schwer zu bestimmen. Es ist kaum anzunehmen, daß das Stück mit dem bei Meres erwähnten „Love's Labour's Won" identisch ist, da innere Gründe sowie Stil und Versbehandlung für einen späteren Abfassungstermin sprechen. Die These, daß das Lustpiel in den Jahren 1602 oder 1603 entstanden sei, hat die größte Überzeugungskraft. Die Quelle ist eine Erzählung aus Boccaccios „Decameron", die William Paynter in seinem „Palace of Pleasure" (1566/67) übersetzt hatte. Die Handlung hier wie bei Shakespeare ist voller Unwahrscheinlichkeiten und durch zahlreiche Nebenfiguren und Episoden unnötig belastet. Die Gestalten bleiben blaß und wirken in vieler Beziehung schematisch. Das gilt namentlich von Helena, der Heldin, die den Griseldistyp der frühen Stücke verkörpert. Da ihre Bereitschaft zu allen Opfern sich nicht mit fraulicher Selbständigkeit verbindet, findet man nur schwer den Zugang zu ihrem Charakter, so daß das Grundthema nicht recht zur Auswirkung kommt.

In mancher Beziehung mit „All's Well that Ends Well" verwandt ist „Measure for Measure", das am Weihnachtsfest 1604 vor König Jakob aufgeführt wurde und wahrscheinlich kurz vorher entstanden ist. Zugrunde liegt ein altes Drama „Promos and Cassandra“ (1578) von George Whetstone, ein ganz unbeholfenes, aus der Anfangszeit des englischen Dramas stammendes Werk. Whetstone selber war der Novellensammlung „Hecatomithi“ (1565) von Giraldi Cintio verpflichtet.

Der Herzog Vincentio hat die Regierung seinem Stellvertreter Angelo übertragen, um selber verkleidet das Treiben der Menschen zu studieren. Er lernt eine Welt voller Schlechtigkeit und Bosheit kennen, und wenn auch nach allerlei Irrungen und Wirrungen das Schlimmste abgewandt wird, so bleibt bei diesem Stück der Eindruck des Gequälten und vielfach Unmöglichen doch vorherrschend, namentlich wenn zum Schluß der Fürst durch einen persönlichen Akt des Verzeihens ein glückliches Ende herbeiführt. Man muß allerdings anerkennen, daß Shakespeare gegenüber der Quelle das Barbarische des Motivs und Tons gemildert hat (R. W. Chambers) und in der Gestalt der Isabella, die bereit ist, sich für ihren Bruder zu opfern, ein Wesen von großer und reiner Menschlichkeit geschaffen hat, dem die Ehre mehr als das Leben gilt. Der weise Herzog, der unerkannt sein Land durchzieht, soll an König Jakob erinnern, dem Shakespeare hier eine Huldigung darbringt. “In *Measure for Measure* we have a morality-framework, much incidental satire, a deep probing into the springs of action, a passionate sympathy with the unfortunate and the hard-pressed. Only if we concentrate our attention on one of these aspects will the play leave us content” (C. Leech).

Literatur:

W. Keller, Shakespeare und sein König. (Shakespeare-Jahrbuch Bd. 54, 1918).

W. Keller, Shakespeares „Troilus und Cressida“ (Shakespeare-Jahrbuch Bd. 66, 1930).

W. W. Lawrence, Shakespeare's Problem Comedies (New York 1931).

J. Raith, Boccaccio in der englischen Literatur von Chaucer bis Painters Palace of Pleasure (Leipzig, Noske, 1936).

C. J. Camphell, Comicall Satyre and Shakespeare's Troilus and Cressida (San Marino, California, 1938).

Ch. J. Reimer, Der Begriff der Gnade in Shakespeares „Measure for Measure“ (Diss., Marburg 1937).

R. W. Chambers, The Jacobean Shakespeare and Measure for Measure (London, Milford, 1938).

C. Leech, The „Meaning" of Measure for Measure (in: „Shakespeare Survey", ed. by A. Nicoll, vol. III, Cambridge UP., 1950, pp. 66—73).

E. M. W. Tillyard, Shakespeare's Problem Plays (London, Chatto & Windus, 1950).

H. Heuer, Troilus und Cressida in neuerer Sicht (Shakespeare-Jahrbuch Bd. 89, 1953, S. 106—127).

R. A. Schröder, Troilus und Cressida. In deutscher Übersetzung mit Zeichnungen von R. R. Weiß. Hamburg, Maximilian Gesellschaft, 1949.

c) Die Macht des Schicksals

Mit „Othello" hat Shakespeare endgültig den Weg in das Barock beschritten in einem Drama, das gewiß nicht das Grüblerische und die Gedankentiefe eines „Hamlet" hat, aber als Kunstwerk einen geschlosseneren Eindruck hinterläßt; dieser wird im wesentlichen durch die Unerbittlichkeit bedingt, mit der hier Menschenschicksale ablaufen. Das Stück wurde als Hofdrama am 6. 10. 1604 vor König Jakob aufgeführt, der kurz zuvor seinen feierlichen Einzug in London gehalten hatte, und dem zu Ehren die königliche Truppe ein neues Stück einstudiert hatte. Die Entstehungszeit dürfte also ebenfalls in das Jahr 1604 fallen. Die Quelle ist wie bei „Measure for Measure" die Novellensammlung „Hecatomithi" von Giraldi Cintio.

Das Thema des Dramas hat Shakespeare — wenn auch in abgewandelter Form — häufiger behandelt. Von übergewaltiger Leidenschaft hat er seit den Tagen von „Titus Andronicus" und „Romeo and Juliet" gekündet. Eine in ihrer Hingabe rührende Frau begegnet in manchen seiner Dramen, seitdem in „The Two Gentlemen of Verona" Julia ihrem Geliebten als Page in den Wald gefolgt ist. Verruchte Bosheit, die vor keinem Verbrechen zurückschreckt, steckte hinter dem Pathos eines „Richard III" und dem Intrigantentum eines Don John in „Much Ado about Nothing". Aber die Menschen, die in „Othello" miteinander in Konflikt geraten, sind von ganz anderem Format, und ihr Handeln erwächst aus ganz anderen seelischen Hintergründen als in den frühen Dramen Shakespeares. Das gilt namentlich für O t h e l l o selbst. Ihn beherrscht keineswegs von Anfang an die verhängnisvolle Leidenschaft, die schließlich seinen Sturz herbeiführt, sondern er erscheint zuerst als der reife und selbstbeherrschte Mann, dessen Liebe zu Desdemona in langen Jahren des Kämpfens gewachsen ist, um dann mit rührendem Vertrauen in dieser Frau zu ruhen. Plötzlich schlägt die innere Gebundenheit seines Wesens in wilde Zügellosigkeit um, das Gleichgewicht seiner Seele wird zerstört, und er reißt andere und sich in den Abgrund. Die Tragik seines Wesens besteht darin, daß in diesem Mohren die Urinstinkte seiner Rasse nicht abgetötet, sondern nur eingeschläfert waren und nun verderbenbringend hervorbrechen. Shakespeare läßt uns den kulturpolitischen Hintergrund dieser Tragödie nur ahnen, wichtiger ist ihm das menschliche Schicksal und sein Verstriktwerden in Schuld.

Desdemona steht zwar in der Tradition des alten Griseldistyps, aber bei ihr verbindet sich mit aller Zartheit eine große Stärke des Wollens, ein zum Opfer bereiter Mut, so daß auch ihr Charakter gegenüber der Überlieferung eine größere Unabhängigkeit bekommt. Überall läßt sich gerade in diesem Stück das Streben Shakespeares nach Lebenswahrheit in der Zeichnung der Charaktere beobachten. Davon ist auch Jago keine Ausnahme, der zwar in seiner Grausamkeit etwas Dämonisches hat, dem aber doch Tapferkeit und Ehrgefühl keineswegs fehlen. Damit ist jene wirklichkeitsferne Schwarz-weiß-Zeichnung überwunden, die der Don John-Gestalt unglaubhafte Züge verlieh.

Es liegt im Wesen des Barockmenschen, daß er die Frage nach dem Schicksal stellt. Auch Shakespeare ist sie seit „Julius Caesar" und „Hamlet" bekannt; aber erst seit „King Lear" faßt er das Schicksal als jenen großen Ruf an den Menschen, wie es germanischer Auffassung entspricht. Die Ansicht, „King Lear" eigne sich nicht für die Bühne, da das Werk zu groß und gedankenschwer sei, um eine seinem inneren Gehalt entsprechende Wiedergabe finden zu können (Charles Lamb, Bradley, Schirmer), wird durch die Tatsache widerlegt, daß gerade dieses Drama sich von Anfang an die deutsche Bühne erobert hat, wenn auch jede Zeit aus ihren eigenen Gesetzen heraus dem Werke eine ihr artgemäße Deutung gegeben hat.

Der Stoff hat eine lange Geschichte. Zugrunde liegt einmal das uralte Märchenmotiv von dem Vater, der seinen ganzen Besitz an seine undankbaren Kinder verschenkt und später Not leiden muß. Damit verbunden ist sodann ein zweites: die Frage des Vaters nach der Größe der Liebe seiner Kinder; von der Tochter, die ihm am nächsten steht, hört er, daß sie ihn wie das Salz liebe (das man täglich brauche). Schon Geoffrey of Monmouth (1100?—1154) hat die beiden Motive mit der Person des sagenhaften altbritischen Königs Leir verbunden. Der Stoff findet sich weiter bei dem Historiker Holinshed, in dem Epos „Mirror for Magistrates“ (1574) und in Spensers „Faerie Queene“. Dramatisiert lag er in dem Stücke „The True Chronicle History of King Leir and his Three Daughters“ vor, das am 14. Mai 1594 in das Buchhändlerregister eingetragen worden ist.

Wiederum ist die genaue Datierung des Shakespeareschen Dramas schwierig. Die Aufnahme in das Buchhändlerregister erfolgte am 26. 11. 1607 mit der Bemerkung, daß es am St. Stephanstage des Jahres 1606, d. h. am zweiten Weihnachtstage, am Hofe aufgeführt worden sei. Anspielungen auf 'late eclipses in the sun and moon' und allerlei 'machinations, hollowness, treachery and all ruinous disorders' (I, 2, 122) können auf die großen Sonnen- und Mondfinsternisse des Jahres 1605 hinweisen, die mit der Pulververschwörung vom 5. 11. 1605 zusammengebracht wurden. Kurz nach diesem Zeitpunkt dürfte das Werk geschrieben worden sein.

Die meisten Beurteiler dieses Dramas der Undankbarkeit nehmen an dem widerspruchsvollen Charakter des Königs Anstoß, der sich namentlich in der Reichsteilungsszene offenbart. Das Werk sei die „Geschichte einer Zerrüttung, einer Zersetzung“ (Schücking) und gilt als erschütterndes Zeugnis für Shakespeares abgrundtiefen Pessimismus in diesen Jahren. Jedoch ergeben sich die entscheidenden Wertbeziehungen zum Gesamtschaffen des Dichters erst dann, wenn man das Drama aus der Auseinandersetzung Shakespeares mit dem Schicksalsgedanken heraus zu verstehen sucht. Wenn Gloucester aus dem Geschehen, das sich um ihn begibt, den Schluß zieht, daß die Menschen in ihrem Verhältnis zu den Göttern den Fliegen gleichen, die von mutwilligen Knaben zum Spaß getötet werden: 'As flies to wanton boys, are we to the gods, They kill us for their sport' („King Lear“, IV, 1, 38), so offenbart sich hier allerdings ein Schicksalsbegriff, der im Sinne Hardys lähmend und vernichtend ist. Aber die Wirklichkeit des Lebens ist damit noch nicht ganz erfaßt; um sie zu verstehen, muß man ein Wort Edgars ("Ripeness is all", V, 2, 11a) daneben stellen, das die Billigung Gloucesters findet ("And that's true too", V, 2, 11b), jene Erkenntnis von dem Duldenmüssen, das dem Menschen aufgegeben ist und ihm Kraft schenkt, die in dem „Reifsein zu allem" ihren Ursprung hat. Dieses 'Ripeness is all' (V, 2) ist die barocke Weiterführung des stoischen Hamletwortes 'the readiness is all' (V, 2). Reifwerden auch zum Leiden ist die Forderung, die das Schicksal an den Menschen stellt. Damit ist nicht eine unschöpferische Askese im Sinne eines körperlichen Martyriums gemeint, sondern ein Verstehen des Schicksals und darüber hinaus ein Bejahen und Lieben dessen, was es bringt. Das setzt ein Wissen um die Totalität des Daseins voraus, das der junge Shakespeare noch nicht gehabt hat.

König Lear muß durch das Leiden hindurchgehen; aber der König des Anfangs, dessen Wille für alle Gesetz war, und der verblendet seinen Weg fortsetzen will, nachdem er sich aller Macht begeben hat, weigert sich, das Leiden anzuerkennen. Der „Herrscher", der seinen Sinn überhaupt erst durch die innere Verbundenheit mit seinem Volke empfängt, wie Shakespeare ihn in „Henry V" gezeigt hat, erscheint hier als starrköpfiger Tyrann. Wenn das Schicksal ihn den Weg des Leidens führt, verbindet es damit einen Erziehungssinn, indem es dem König immer stärker die Erkenntnis aufdrängt, daß er in einer Welt des bloßen Scheins gelebt habe. Von der Welt des wirklichen Seins erhält er erst im furchtbaren Unwetter auf der Heide eine Vorstellung. Als der Gedanke an die vielen Unglücklichen und Armen, die im Toben des Sturms kein Obdach haben, in ihm auftaucht, löst er sich zum ersten Male von seiner Selbstsucht und beschreitet den Weg in eine neue Welt. Dieses im Leiden errungene Bewußtwerden des klaffenden Gegensatzes zwischen der Welt des Scheins und der des Seins ist jedoch für seinen Geist zu viel. Er verfällt immer mehr der Umnachtung, und nur ganz zum Schluß, als er seine verlorene Tochter Cordelia wiedergefunden hat, werden beide Welten für einen Augenblick in seinem wachen Bewußtsein vereinigt, nach dem Tode der Tochter aber erneut auseinandergerissen.

Auch in „Macbeth", von dem Abraham Lincoln sagte: "I think nothing equals Macbeth", geht es um das Problem des Schicksals, hier dargestellt als Kampf zwischen Dämonie und Logos (Deutschbein), der Ausdruck des tiefen Dualismus des Barockzeitalters ist. Der Stoff ist der schottischen Geschichte entnommen. Es wird von einem schwachen König Duncan (11. Jahrhundert) berichtet, den sein Neffe Macbeth ermordet. Dieser kommt später selber durch Duncans Sohn Malcolm um. Früh hat die Sage sich der Historie bemächtigt. Schon der Geschichtsschreiber John Fordun läßt in seinem Werke „Scotichronicon" (um 1384) Macbeth als einen gefährlichen Tyrannen erscheinen, während Duncan der edle und milde Herrscher ist. Der Chronist Andrew Wyntown faßt in seiner „Oryginale Cronykil of Scotland" (um 1424) Macbeth bereits als Sohn des Teufels, der nur durch einen nicht aus dem Schoße der Mutter geborenen Gegner überwunden werden könne. Auch die Prophezeiungen der Schicksalsschwestern begegnen bereits hier. Völlig ausgebildet ist die Sage bei dem schottischen Historiker Hector Boethius, der in seiner „Scotorum Historiae" (1527) die Gestalt des Banquo einführt und Lady Macbeth zur Anstifterin des Mordes macht. In dieser Prägung hat Holinshed, die unmittelbare Quelle Shakespeares, die Sage übernommen.

Eine Aufführung des „Macbeth" wird von dem Astrologen Simon Forman im Globe Theatre am 20. 4. 1611 bezeugt, obwohl das Stück älter gewesen sein muß, wie aus Stilkriterien und mannigfachen Anspielungen hervorgeht, so daß man das Jahr 1606 als Entstehungszeit ansetzen kann.

Nach der neuesten Untersuchung von Henry N. Paul wurde das Drama am Abend des 7. August 1606 in Hampton Court vor König Jakob I. und seinem Schwager König Christian von Dänemark, der auf Staatsbesuch in England weilte, aufgeführt. So erklären sich viele Stellen in dem Stück, die auf die königliche Familie zugeschnitten sind, etwa die Pantomime (dumb-show) der acht Könige am Ende der 1. Szene des IV. Aktes. Shakespeare stimmt in dem Drama auch weitgehend mit den Vorstellungen und Anschauungen Jakobs I. überein, der in seinen Schriften, die Shakespeare gründlich studiert haben muß, das Gottesgnadentum der Krone und den Glauben an Zauberei und Gespenster verfocht („Daemonologie" 1599). Letztlich ist die Tragödie von „Macbeth", die durch die Weissagungen der Schicksalsschwestern für das Königshaus der Stuarts eingeleitet wird, direkt eine Verklärung von König Jakobs Stammesgeschichte; denn Banquo ist ja der legendäre Ahnherr Jakobs (W. Keller).

„Macbeth" stellt gewissermaßen einen Schnittpunkt zwischen „Richard III" und „Hamlet" dar. Mit jenem verbindet den Helden der glühende Ehrgeiz, der ihn nach dem Höchsten streben läßt, ihn von Verbrechen zu Verbrechen treibt und ihn am Ende ins Verderben stürzt. An „Hamlet“ gemahnt die reflektionsbedingte Schwäche, die ihn überall zum Abwägen und Zaudern veranlaßt. Aber die innere Begründung des Geschehens ist durchaus anders und steht im Sinnzusammenhang mit jenem metaphysischen Schicksalsbegriff, der hier ausgesprochen barocke Ausmaße annimmt. Ähnlich wie in „King Lear“ wird dabei das Schicksal als durchaus sittliche Macht gefaßt; denn es ist Macbeth in die Hand gegeben, aus dem ihm widerfahrenen Geschick für sich Segen oder Fluch zu machen. Seine Schuld besteht darin, daß er der ihm gestellten Aufgabe nicht gewachsen ist, daß er dem Schicksal durch den Mord an dem König vorgreift und so sein Ende heraufbeschwört.

Im Rahmen des politischen Dramas bedeutet „Macbeth“ die Darstellung des „Frevels an der gesalbten Majestät“ (Pongs), des Herrscherschicksals, das nicht unter dem Gesetz der göttlichen Gnade steht. Hier wird Duncan, über dem 'grace' waltet, zum Gegenspieler Macbeths, aber er unterliegt genau wie Banquo, der das Königserbe fortzusetzen berufen ist, der Macht des Dämonischen. Siegreich aber ersteht in der Ferne eine Welt, in der diese von Shakespeare als verpflichtend empfundene Königsidee Wirklichkeit wird. (Vgl. die Königsvision mit der Anspielung auf die Stuartdynastie.)

„Antony and Cleopatra“ führt das Thema von „Julius Caesar“ weiter. Zugrunde liegt auch die Übersetzung des Plutarch. Die Sprache des Dramas weist auf eine Entstehungszeit um 1608 hin; der Stil ist formvollendet, das Enjambement sehr stark, ein Beweis dafür, daß dem Verfasser nicht mehr der einzelne Vers gilt, sondern daß ihm die ganze gedankliche Gruppe bei der Gestaltung vorschwebt. Auch schwache Endungen werden hier erstmalig häufig.

In 42 Szenen läuft das Geschehen ab, das — wie schon so oft bei Shakespeare — um die Leidenschaft des Herzens kreist. Man ermißt die Bedeutung dieses Werkes dann erst ganz, wenn man es neben das der Zeitgenossen stellt, die denselben Stoff behandelt haben, wie etwa Samuel Daniel in seiner Tragödie „Cleopatra“ (1594), die ganz im

Stile Senecas geschrieben ist. In Shakespeares Werk wird die orientalisch-sinnliche Welt in einer Weise lebendig, wie man es in der englischen Literatur bis zu Byron hin nicht wiederfindet. In sie ist der Römer Antonius hineingestellt, der von Natur und durch Tradition in den Ideen der Stoa verwurzelt ist. Sie haben ihm die Möglichkeit zu jenem asketischen Heroismus gegeben, den Oktavius an ihm rühmt (I, 5); sie lassen ihn in vernunftgemäßem Handeln den Leitstern des Lebens erblicken, bis er in den Bann der sinnverwirrenden Leidenschaft gerät, die von Kleopatra ausgeht. So wird sein Römertum besiegt, äußerlich in dem Augenblick, als er im Kampfe gegen Oktavius das Seegefecht wählt, obwohl er nur im Landkrieg etwas zu leisten imstande ist, einzig aus dem Grunde, um Kleopatra, die noch keinen Kampf auf dem Meere gesehen hat, einen Gefallen zu tun. Aber sein Römergeist bricht doch immer wieder durch; die Ehre läßt sich auf die Dauer nicht unterdrücken, und wenn er sich zum Schluß in sein eignes Schwert stürzt, hat er den Weg zu sich selbst zurückgefunden.

Antonius gegenüber steht Kleopatra, uneinheitlich im Charakter und in den ersten Akten in ihrer sinnlichen Haltung und übersteigerten Eitelkeit dem Frauenideal Shakespeares sehr fern. Im weiteren Verlauf des Geschehens jedoch löst sich ihre Leidenschaft zu Antonius immer stärker aus dem Bezirk des Sinnlichen und wird zu einer echten und tiefen Hingabe, die sie am Ende mit großem Heldenmut den Tod wählen läßt. Wenn man auch nicht verkennen kann, daß der Charakter dieser Frau zwiespältig ist, so wird ein gerechter Beurteiler ihn doch aus jener Perspektive sehen müssen, aus der das Bild des idealen Königs seine Prägung erfuhr. Wie ein Heinrich V. durch die Niederungen des Daseins hindurchschreiten mußte, um sein Königtum zu finden, muß eine Kleopatra durch die Tiefen der Sinnlichkeit den Weg zu den Höhen erlösender Liebe gehen. Die Absage an die Gefahren der Lust, die schon in den Sonetten anklang, wird hier vom reifen Shakespeare zu einem triumphierenden Bejahen der großen Liebe ausgeweitet. Sie ist keine bloße Gegebenheit, sondern muß durch Verzicht und Opfer erkämpft werden. Diese dynamische Lebensdeutung unterscheidet das Drama Shakespeares von der statischen Tragödie eines Corneille oder Racine mit ihrer starren Polarität von Liebe und Ehre. Die bewegte Spannung kommt bei Shakespeare auch in der Bildersprache zum Ausdruck, die hier in erhöhtem Maße aufschlußreich für die Deutung der Charaktere ist (Clemen).

Auch für „Coriolanus“ bildet Plutarch in der Übersetzung Norths die Quelle. Gewisse Anspielungen des zuerst in der Folioausgabe von 1623 gedruckten Dramas und Kriterien des Stils verweisen das Werk in die unmittelbare Nachbarschaft von „Antony and Cleopatra“. Der Anfang des Jahres 1609 wird als der wahrscheinlichste Zeitpunkt der Entstehung angesehen werden können. Das Kulturbild ist gegenüber der Menschendeutung noch weniger wichtig als im Antonius-Drama (vgl. auch eine Reihe von Anachronismen). In dieser immer stärker werdenden Betonung des Seelischen gegenüber dem Historischen liegt auch der Unterschied zu den Königsdramen, denen es um die Verkündigung einer politischen Idee ging. Jetzt handelt es sich ausschließlich um das Wesen des Menschen bei seiner Verstrickung in Schuld und Schicksal wie in den großen Dramen der „Othello“- und „Lear“-Zeit. Im Brennpunkt steht dabei wie früher die Auseinandersetzung zwischen dem Einzelnen und der Gemeinschaft. Coriolan ist der edle römische Feldherr, dessen Sorge und Arbeit allein seiner Vaterstadt gilt, für die er gegen die Volsker gekämpft hat, und deren innere Nöte ihm warm am Herzen liegen. Die Welt der Plebejer allerdings ahnt nichts von diesem Hingegebensein an die Gemeinschaft, sondern sieht in ihm nur den Aristokraten, der ihr nicht alle die Rechte zugestehen will, auf die sie Anspruch zu haben glaubt. Der Adelsmensch läßt seine Wunden nicht mit den Fingern betasten, sondern stößt die Plebejer von sich, die sich von den Volkstribunen haben aufhetzen lassen. Der eigentliche Konflikt entsteht an der Stelle, wo dieses „aristokratisch-heroische Persönlichkeitsideal“ (Heuer) in Widerspruch zu den Grundgesetzen des Lebens gerät, d. h. als sich Coriolan grollend von seiner Vaterstadt abwendet, ins Lager der Gegner übergeht und dort den Tod findet. Sein Untergang ist nicht wie der so vieler Helden Shakespeares schuldlos, sondern immer, wenn jetzt Menschen zugrunde gehen, geschieht es, weil sie entscheidende Lebensnotwendigkeiten verkannt haben.

Das gilt auch für das qualvollste und rätselhafteste der Dramen Shakespeares, „Timon of Athens“, ein Stück, das auch zuerst in der Folioausgabe erscheint, und dessen Entstehung in die Jahre 1606—1607 fällt. Die Annahme, daß Shakespeare hier ein fremdes Werk überarbeitet habe, hat viel für sich. Das Motiv vom Menschenhasser ist allbekannt. Schon bei Aristophanes begegnet die Gestalt des Timon, der zum Misanthropen wird, weil seine Freunde ihn enttäuscht haben. In erster Linie muß jedoch Plutarch als Bearbeiter des Themas genannt werden.

Es ist ein Drama des Nihilismus, ohne jeden aufbauenden Gehalt und tief durchzogen von dem Gedanken des Verrates, der Shakespeare seit Brutus so viel beschäftigt hat. Der Ausklang ist völlig hoffnungslos: Timon, der Menschenfreund, der in den Tagen des Glücks alles, was er besaß, verschenkte und im Augenblick der Not von seinen schmeichlerischen Freunden verlassen wird, zieht sich von allen Menschen zurück und stirbt in einer einsamen Höhle, der Welt und allem Leben in einer selbstverfaßten Grabschrift fluchend. In diesem ganz pessimistischen Drama Shakespeares wird man die letzte Stufe der mit „Hamlet" einsetzenden Überzeugung, daß die Welt aus den Fugen geraten sei, sehen dürfen. Das völlige Chaos scheint über eine sinnlos gewordene Welt hereingebrochen zu sein, und niemand ist da, der die innere Kraft besäße, sie zur Ordnung zurückzuführen. Eine grenzenlose Einsamkeit ist über die Menschen gekommen, nicht nur über Timon, sondern auch über den Zyniker Apemantus, der nur Verachtung für die Menschen kennt. Timons Weg bis zum bitteren Ende ist jedoch nicht unverschuldet. Seine Enttäuschung ist die notwendige Folge seiner unbedachten Verschwendung und seines blinden Vertrauens auf Menschen, deren Freundschaft nicht durch die Tat erprobt ist.

Diese Tragödie des Undanks, die keinen Weg in eine bessere Zukunft offen läßt, steht „King Lear" am nächsten: Der aus unbekannten Gründen eine Zeitlang in pessimistischer Stimmung lebende Dichter ist hier in seiner dichterischen Schöpfungskraft gelähmt. Die offensichtlichen Mängel des Stückes erklären sich wohl nicht aus verschiedener Verfasserschaft, sondern aus einer tiefen Verstimmung Shakespeares, die ihm Kraft und Lust geraubt hatte, die Vorlagen umzugießen und so das Ende seiner Tragödien herbeiführte.

Literatur:

A. C. Bradley, Shakespearean Tragedy. Lectures on Hamlet, Othello, King Lear, Macbeth (London 1904).

Lily B. Campbell, Shakespeare's Tragic Heroes Slaves of Passion (Cambridge UP., 1930).

L. L. Schücking, Shakespeare und der Tragödienstil seiner Zeit (Bern, Francke, 1947).

R. Schneider, Macht und Gewissen in Shakespeares Tragödien (Berlin, Suhrkamp, 1947).

H. B. Charlton, Shakespearian Tragedy (Cambridge UP., 1948).

W. Farnham, Shakespeare's Tragic Frontier: The World of his Final Tragedies (Univ. California Press, 1950).

Clifford Leech, Shakespeare's Tragedies and Other Studies in Seventeenth-Century Drama (London, Chatto & Windus, 1950).

G. B. Harrison, Shakespeare's Tragedies (London, Routledge, 1951).

J. V. Cunningham, Woe or Wonder: The Emotional Effect of Shakespearean Tragedy (Univ. Denver Press, 1951).

G. Wilson Knight, The Imperial Theme: Further Interpretations of Shakespeare's Tragedies, including the Roman Plays (Oxford UP., 1931; London, Methuen, 1951[3]).

Stanislavsky produces Othello (1929—1930). Translated from the Russian by Dr. Helen Nowak (London, G. Bles, 1948).

M. M. Arnold Schröer, Othello. Paralleldruck der ersten Quarto und der ersten Folio mit den Lesarten der zweiten Quarto (Heidelberg, Winter, 1949[2]).

P. A. Jorgensen, „Honesty" in „Othello" (in: „Studies in Philology", vol. XLVII, 1950, pp. 557—567).

R. Flatter, The Moor of Venice [Othello] (London, Heinemann, 1950).

J. W. Draper, The „Othello" of Shakespeare's Audience (Paris, Didier, 1952).

Madeleine Doran, The Text of „King Lear" (Stanford UP., 1932).

J. S. H. Bramson, The Tragedy of King Lear (Oxford, Blackwell, 1934).

J. Gurland, Das Gestaltungsgesetz von Shakespeares „King Lear" (Diss., Bonn 1939).

R. B. Heilmann, This Great Stage: Image and Structure in „King Lear" (Louisiana UP., 1948). Vgl. dazu W. Clemen (in: „Shakespeare-Jahrbuch" 1952, S. 61—68).

J. F. Danby, Shakespeare's Doctrine of Nature: A Study of „King Lear" (London, Faber, 1949).

J. M. Lothian, King Lear: A Tragic Reading of Life (Toronto, Clarke, Irwin, 1949).

G. I. Duthie, Shakespeare's „King Lear": A Critical Edition (Oxford, Blackwell, 1949).

M. Deutschbein, Shakespeares „Macbeth" als Drama des Barock (Leipzig 1936).

Eva Buck-Marchand, Macbeth: Eine Charakteranalyse (in: „Shakespeare-Jahrbuch", Bd. 77, 1941).
J. Dover Wilson, Macbeth. In: „The New (Cambridge) Shakespeare" (Cambridge UP., 1947).
Roy Walker, The Time is Free: A Study of „Macbeth" (London, Dakers, 1949).
Henry N. Paul, The Royal Play of „Macbeth" (New York, Macmillan, 1950).
L. Schmetz, Die Charakterisierung der Personen durch die Sprache in „Macbeth" (in: „Shakespeare-Jahrbuch" 1950, S. 97—113).
M. C. Bradbrook, The Sources of „Macbeth" (in: „Shakespeare Survey" 1951, pp. 35—48).
Kenneth Muir, Macbeth. In: „The Arden Shakespeare" (London, Methuen, 1951).
Rudolf Binder, Der dramatische Rhythmus in Shakespeares „Antonius und Cleopatra" (in: „Englandstudien", Heft 1, hsg. von C. A. Weber, Würzburg 1939).
W. Traub, Auffassung und Gestaltung der Cleopatra in der englischen Literatur (Diss., Tübingen 1937).
Theodore Spencer, The Tragedy of Antony and Cleopatra (New York, Croft, 1948).
J. Dover Wilson, Antony and Cleopatra. In: „The New (Cambridge) Shakespeare", vol. 24 (Cambridge UP., 1950).
H. Granville-Barker, Coriolanus. „Prefaces to Shakespeare", Fifth Series (London, Sidgwick & Jackson, 1948).

Viertes Kapitel: Der Glaubende (1609—1613)

In den Jahren der inneren Entscheidung scheint in Shakespeare das Verlangen, sich von London zu lösen, immer mächtiger geworden zu sein. Wann er endgültig nach Stratford übergesiedelt ist, läßt sich nicht genau bestimmen. Wahrscheinlich geschah es im Jahre 1612, wenn er auch weiterhin noch häufig in die Großstadt kam. In diesen Jahren entstand sicherlich auch das Porträt, das ein flämischer Künstler, Martin Droeshout, von ihm schuf, das allerdings mehr den 'gentle' Shakespeare als den großen Tragiker darstellt. Der Bühne ist der Dichter in dieser Epoche seines Lebens nicht mehr so stark verbunden wie bisher. Eine Wendung im Theaterwesen hatte eingesetzt, die seiner Art nicht mehr entsprach. Ben Jonson war der gefeierte Dichter des Tages, und die Bühne hatte sich immer mehr den Maskenspielen geöffnet, die mit ihrer Freude an barocker Pracht die Schlichtheit des elisabethanischen Theaters verdrängte. Shakespeare bemühte sich zwar, in seinen letzten

Stücken den Anschluß an die neue Bühnenkunst zu finden, aber die Verbindung war doch mehr oder weniger äußerlich. Die von ihm bevorzugte Bühne wurde jetzt das Blackfriars-Theatre, ein festes und bedachtes Hoftheater, das in weit größerem Maße die Möglichkeit für barocke Regiewunder bot als das offene Globe-Theatre. Hier wurden mit viel Erfolg die Märchenspiele aufgeführt, die die Stimmung der 'reconciliation' (Versöhnung) sinnfällig wiedergeben.

a) Romantische Märchen

Die Märchenstücke Shakespeares haben eine verschiedene Deutung gefunden. Man hat in ihnen die Zuflucht in eine religiös gefärbte Mystik gesehen, in der der am Leben und an der Welt verzweifelnde Dichter seine Ruhe gefunden hätte. Andere Kritiker wiederum erkennen in ihnen eine tiefe Lebensphilosophie und einen alles Reale verklärenden Symbolismus. Jedoch wird man diesen Auffassungen kaum beipflichten können in Anbetracht der Tatsache, daß Shakespeare in erster Linie als Künstler und nicht als Philosoph verstanden werden muß. In den Märchenspielen oder romantischen Tragikomödien haben wir vielmehr das Werk eines Mannes vor uns, der in den Spannungen der Seele einen inneren Ausgleich suchte und dieser Haltung auf der neuen Bühne des Barocks Ausdruck zu geben bemüht war. In ihnen löst sich die Wirklichkeitswelt der Komödien und Tragödien nunmehr in eine weltentrückte Opernstimmung auf.

Am Anfang dieser letzten Schaffensperiode Shakespeares steht das Drama „Pericles", in dem er den befreienden Weg zur 'reconciliation' antrat. Das Stück wurde 1608 in das Buchhändlerregister eingetragen und 1609 gleich in zwei Quartausgaben erstmalig gedruckt. Die Herausgeber der Folioausgabe nahmen es wohl deswegen nicht in ihre Sammlung auf, weil es nicht Shakespeares alleinige Schöpfung war. Die neuere Forschung nimmt an, daß die beiden ersten Akte von anderer Hand stammen, während die übrigen Akte in Stimmung, Stil und Bildersprache auf Shakespeare weisen.

Das Stück geht auf den griechischen Roman „Apollonius von Tyrus" zurück, der weite Verbreitung gefunden hat, und behandelt die abenteuerliche Geschichte des Fürsten von Tyrus, der nach mancherlei Abenteuern (Seesturm, Schiffbruch) seine totgeglaubte Gattin Thaisa und seine von Piraten geraubte Tochter Marina wiederfindet. Aber nicht die phantastische Handlung ist das ausschlaggebende Element, sondern die Gestalt der Marina, der duldenden Frau, die, von den schwersten sittlichen Gefahren bedrängt, ihre innere Reinheit und Seelengröße bewahrt. Die Tatsache, daß Shakespeare sich — wenn auch nur bruchstückweise — mit einem Stoffe dieser Art beschäftigt, beweist, daß er sich aus der aufwühlenden Problematik der letzten Jahre zu befreien sucht.

Dem Stück folgten drei weitere Romanzen mit ähnlicher Stimmung: „Cymbeline", „The Winter's Tale", „The Tempest".

Der Astrolog Simon Forman, von dem auch eine „Macbeth"-Aufführung bezeugt ist, hat „Cymbeline" zwischen dem 20. und 30. April 1611 aufgeführt gesehen, doch muß die Entstehungszeit, wie aus Stil und Metrik hervorgeht, weiter zurückliegen und etwa 1609 oder 1610 angesetzt werden. Der Stoff stammt aus Boccaccios „Decameron", wenn auch der historische Hintergrund in die Zeit der frühen britischen Könige verlegt worden ist (Quelle: Holinshed).

Die reale Welt ist schlecht und eigennützig; aber was bedeutet das gegenüber der wundervollen Märchenstimmung, die über dem ganzen Geschehen lagert! Die Sittenverderbnis am Hof des Königs Cymbeline, die Intrigen der Königin, die Rohheiten des Königssohnes Cloten, alles das ist in dem Augenblick vergessen, wo die rührende Gestalt von Imogen, der Tochter Cymbelines, die Bühne betritt. Nie vorher hat Shakespeare dem Griseldistyp eine solche Verklärung gegeben wie in diesem Wesen, das vom Hofe vertrieben und von dem Geliebten Posthumus in die schwersten Prüfungen hineingetrieben wird. Wenn sie zu dem vom König verbannten Edelmann Belarius flieht, der aus Rache und Liebe zugleich die Söhne des Königs entführt hat und sie im Walde in Milde und Weisheit erzieht, kommt sie in eine Welt hinein, an der der Alltag keinen Anteil hat.

Die Zugeständnisse Shakespeares an das allegorische Barocktheater sind groß. Dem im Kerker liegenden Posthumus erscheinen seine Vorfahren und Jupiter auf einem Adler, um ihm den Sinn seiner Prüfungen zu enthüllen. Auch der Schluß ist ausgesprochen opernhaft und deswegen von B. Shaw 'in response to an actual emergency in the theatre' gänzlich umgestaltet worden. Auf diese Weise bekommt die Romanze eine innere Unausgeglichenheit, die bis in den Stil hinein nachwirkt.

Noch stärker ist der Märchencharakter von „The Winter's Tale", einer Romanze, die Simon Forman am 15. Mai 1611 aufgeführt sah, und die am 5. November 1611, am Tage der Pulververschwörung also, eine Hofaufführung erlebte. Sie wird im gleichen Jahre entstanden sein. Die Hauptquelle für Shakespeare war der Roman „Pandosto" (1588) von Robert Greene, der unter dem Titel „Dorastus and Fawnia" im Jahre 1607 einen Neudruck erfahren hatte. Noch graziöser als in „Cymbeline" wird hier das Wechselspiel von Glück, Niedergang und neuem Aufstieg in die irreale Welt des Märchens verlegt. Der Handlungsvorgang hat manche Anklänge an „Othello". Auch hier lautet das Thema: Eifersucht. Der König Leontes von Sizilien verdächtigt grundlos seinen Freund Polixenes von Böhmen, unerlaubte Beziehungen zu seiner Gattin Hermione unterhalten zu haben, die ihr schweres Geschick geduldig bis zum guten Ende trägt. Schon durch den versöhnenden Ausgang wird die tragische Spannung gemildert; überdies lockert ein eingeschobenes heiteres Schäferidyll den Charakter des ganzen Stückes noch mehr auf. Im Mittelpunkt des leichtbeschwingten Zwischenspiels der Liebe stehen Perdita, die vom eifersüchtigen Leontes ausgesetzte und von einem böhmischen Schäfer als Hirtin aufgezogene Tochter, und Florizel, der Sohn des Polixenes, der sich in die schöne Schäferin verliebt. Das Romeomotiv von der Liebe der Jugend und dem Haß der Alten wird noch einmal angeschlagen, nur daß auch hier alle Tragik sich zu frohem Glück auflöst, zumal da der Zuschauer oder Leser von Anfang an weiß, daß der den Konflikt bedingende Standesunterschied zwischen den Liebenden nur scheinbar vorhanden ist, und in heiterer Erwartung dem Augenblick der glücklichen Lösung entgegensieht. Perdita ist ohne Zweifel eine der feinsten Frauengestalten Shakespeares. Bei aller Hingabebereitschaft besitzt sie doch eine kluge Weltkenntnis, und ihre Liebe lebt aus der inneren Kraft, allen Gefahren zu trotzen. Ihr Liebreiz verbindet sich mit einer natürlichen Lebensfreude, die sie befähigt, den Augenblick und seine Gunst voll zu genießen.

In dem letzten Märchenstück „The Tempest" geht Shakespeare den Weg folgerichtig zu Ende. Das Drama wurde am 1. November 1611 bei Hofe aufgeführt, und als Entstehungszeit darf auch das Jahr 1611 angesehen werden. Es schließt sich an einen historischen Vorfall aus dem Jahre 1609 an, nämlich den Schiffbruch des Admirals Sir George Somers, der sich mit seiner Besatzung auf die Bermudainseln retten konnte. Von den Schiffbrüchigen sind mehrere Berichte verfaßt worden, in denen das Leben auf den vom Geheimnis umwobenen Inseln geschildert wird; der wichtigste „A Discovery of the Bermudas“ (1610) von Sylvester Jourdan hat Shakespeare wahrscheinlich vorgelegen. Das an sich beliebte Motiv erscheint auch bei dem Nürnberger Jakob Ayrer († 1605) in seiner „Comedia von der Schönen Sidea“. Eine zweite Hofaufführung erlebte der „Tempest“ bei der Hochzeit der Königstochter Elisabeth mit dem Kurfürsten von der Pfalz, dem späteren Winterkönig, die im Februar 1613 stattfand. Auch diese Tatsache läßt auf das gute Verhältnis zwischen Shakespeare und König Jakob schließen, von dem der Dichter in der Gestalt des Prospero vielleicht ein Idealbild hat zeichnen wollen.

Prospero, der Herzog von Mailand, ist von seinem Bruder Antonio verstoßen worden und hat sich mit seiner Tochter Miranda auf eine einsame Insel gerettet. Ihm sind der Luftgeist Ariel und das mißgestaltete Ungeheuer Caliban untertan. Wiederum lösen sich zum Schluß alle Wirren. Der Sohn des Königs von Neapel, Ferdinand, gewinnt die Hand von Prosperos Tochter, nachdem er die Prüfungen bestanden hat, die ihn zu hoher und reiner Liebe emporläutern sollten. Der böse Antonio wird beschämt und das Ungeheuer Caliban in die Tiefe des Meeres verbannt. Prospero aber zerbricht seinen Zauberstab und nimmt Abschied von seiner geheimnisvollen Kunst.

„The Tempest“ ist ganz auf den Bühnenraum des Barocktheaters zugeschnitten, voller Regiewunder (Sturm, Schiffbruch, Stimmen aus der Luft, Versenkungen im Erdboden) und opernhafter Ausweitung. Von dieser Feststellung und nicht von den Charakteren oder der geistesgeschichtlichen Problematik hat eine Deutung des Dramas auszugehen. Eine Stimmung des Abschieds liegt unverkennbar über diesem Werke, ohne daß man dabei unbedingt in dem Zerbrechen von Prosperos Zauberstab ein Symbol für Shakespeares Trennung von der Bühne sehen müßte. Man fühlt aber deutlich, daß Shakespeare hier am

Noch einmal wendet sich Shakespeare dem Thema vom Fürstenfall zu und zeigt an den Großen der Regierung Heinrichs VIII., 'how soon this Mightiness meets Misery'. Buckingham, Wolsey und die Königin Katharina, sie alle werden die Opfer eines ihnen feindlichen Schicksals; doch fehlt der aus dem Geschehen erwachsenen Tragik das Aufbäumende der früheren Zeit. Der weiche und abgeklärte Märchenton der späten Romanzen bestimmt auch diese Historie und gibt namentlich der Gestalt der Königin Katharina eine stimmungsvolle Zartheit. Das Stück schließt mit der Geburt der Königin Elisabeth, bei deren Taufe der Erzbischof Cranmer in prophetischen Worten von der künftigen Größe Englands kündet. Unleugbar ist hier ein innerer Bruch insofern vorhanden, als der Autor Katharina und Elisabeth gleich sympathisch gegenübersteht. Diese letzten Szenen sind sicherlich aus Fletchers Feder geflossen.

Literatur:

A. C. Partridge, The Problem of „Henry VIII" Reopened (Cambridge, Bowes, 1949).

c) Apokryphe Dramen

Bei der Bedeutung Shakespeares für das englische Drama der Zeit liegt es nahe, daß dem berühmten Autor Dramen zugeschrieben wurden, die, wenn überhaupt, doch nur zu einem sehr geringen Teil von ihm stammen. Das größte Interesse hat für uns das Stück „Sir Thomas More", dessen Entstehungszeit, die man bisher im allgemeinen um 1595/6 ansetzte, von R. C. Bald nach neuerlicher eingehender Untersuchung auf 1600/1 verlegt wird. Das in sechs verschiedenen Handschriften überlieferte Drama ist ohne Zweifel zum großen Teil von Anthony Munday verfaßt worden. Ein handschriftlicher Zusatz von drei Seiten erwies sich bei Vergleichung mit den uns überlieferten sechs Unterschriften des Dichters als sein Werk, was von einer Reihe englischer Gelehrter in einer unten zitierten Gemeinschaftsarbeit von verschiedenen Seiten her bekräftigt wurde. Eine neue sorgfältige Untersuchung des Amerikaners R. C. Bald stellt die bisherigen Arbeiten und Ansichten über Shakespeares drei Seiten in „Sir Thomas More" zusammen unter Beigabe von Photographien und genauer Transkription des Textes, die nunmehr eine selbständige Stellungnahme ermöglichen. In gespanntester Handlungsführung wird der Aufstieg und Sturz des berühmten Kanzlers dargestellt. Als Höhepunkt seines Wirkens gilt die Art, wie er die Unruhen des Jahres 1517 zu meistern weiß, als die Londoner Bürger, namentlich die Handwerker, sich gegen die Anmaßung der Fremden wehren müssen. Es handelt sich bei dem erwähnten handschriftlichen Zusatz um die Darstellung einer Aufruhrszene in der Art, wie Cades Aufstand in Shakespeares „Second Part of King Henry VI" geschildert wird, wo des Dichters Anteilnahme sich wie so oft dem einzelnen aus dem Volke mit Wärme zuwendet, während die Masse in ihm den schärfsten Beurteiler findet.

Auch an der Entstehung von „The Two Noble Kinsmen", einer Tragikomödie, die 1634 gedruckt wurde, aber wohl um 1612 entstanden ist, hat Shakespeare möglicherweise Anteil gehabt. Das Thema von Chaucers „Palamon and Arcite" aus „The Knight's Tale", die Liebesrivalität zweier Vettern, wird hier in der Hauptsache von Fletcher bearbeitet.

Je berühmter Shakespeare wurde, desto häufiger begegnet er als Verfasser von Stücken, bei denen in den meisten Fällen eine nähere Nachprüfung den Mißbrauch des Namens erweist. Das gilt etwa von „The London Prodigal" (1605) mit dem Thema vom Verlorenen Sohn, gestaltet aus der Sphäre des Londoner Lebens. So wirkungsvoll das Drama als Sittenbild der Zeit ist, so wenig lassen die inneren Voraussetzungen den Schluß zu, daß Shakespeare der Verfasser ist. Ähnliches gilt von der bürgerlich-sozialen Tragödie „A Yorkshire Tragedy" (1608 veröffentlicht), die ebenfalls in ihrer ganzen Thematik einen Shakespeare fremden Geist atmet.

Literatur:

C. F. Tucker Brooke, The Shakespeare Apocrypha. Being a Collection of 14 plays which have been ascribed to Shakespeare (Oxford 1908, 1929).

W. W. Greg, The Book of „Sir Thomas More", ed. („The Malone Soc. Reprints", London 1911).

A. W. Pollard, W. W. Greg, E. M. Thompson, J. Dover Wilson, R. W. Chambers: Shakespeare's Hand in „The Play of Sir Thomas More" (Cambridge 1923).

A. Tannenbaum, The Book of Sir Thomas More (New York 1927).

Arthur Acheson, Shakespeare, Chapman and „Sir Thomas More" (London 1931).

John Shirley, Sir Thomas More, ed. (Canterbury, Goulden, 1939).

R. C. Bald, „The Booke of Sir Thomas More" and its Problems (in: „Shakespeare Survey", ed. by A. Nicoll, vol. 2, pp. 44 bis 65, Cambridge UP., 1949).

d) Shakespeares Ende

Über Shakespeares Lebensabend in Stratford ist nicht viel bekannt. Das einzig sichere Dokument ist sein Testament, das am 5. Februar 1616 abgefaßt wurde. Einige Tage später war die Hochzeit seiner Tochter Judith, die Thomas Quiney, den Sohn seines Freundes, heiratete. Dies ist ohne Zweifel der Anlaß gewesen, das Testament noch einmal zu ändern: in der endgültigen Fassung vom 25. März 1616 ist Judith zur Haupterbin eingesetzt. In bezug auf Shakespeares Frau heißt es: 'I give unto my wife my second best bed with the furniture'; doch wäre es falsch, hieraus auf ein schlechtes Verhältnis zwischen den Gatten zu schließen. Dem widerspricht einmal der Wunsch Annes, neben ihrem Manne begraben zu sein; außerdem kommt das Persönliche des Vermächtnisses gerade in der Schenkung des zweiten — des Ehebettes — zum Ausdruck, während das erste damaligen Verhältnissen entsprechend das Gastbett war.

Shakespeare starb am 23. April 1616 an seinem 52. Geburtstag auf der Höhe seines Lebens und wurde in der Pfarrkirche zu Stratford beigesetzt, wo eine Grabinschrift jeden verflucht, der es wagt, die Ruhe der Gebeine zu stören:

Good frend for Jesus sake forbeare,
To digg the dust encloased heare!
Bleste be ye man y^t spares thes stones,
And curst be he y^t moves my bones.

Eine künstlerisch unbedeutende Büste wurde ihm hier zum Gedächtnis aufgestellt. Sie ist neben dem Droeshout-Porträt und der sehr umstrittenen Totenmaske das einzige Bildnis, das wir von Shakespeare besitzen.

Literatur:

Leslie Hotson, I, William Shakespeare (London, Cape, 1937).

L. L. Schücking, Shakespeare's Stratforder Epitaph (Vermeil-Festschrift, 1952).

Zweiter Teil: Weltbild und Wirkung

Erstes Kapitel: Shakespeares Weltbild

a) Gotik

Shakespeares Weltbild in seiner Gesamtheit umfaßt eine ungemein große Zeitspanne. Dabei dürfte es von Bedeutung sein, festzustellen, wie stark auch bei ihm noch im Zusammenhang mit der ganzen Zeitkultur das mittelalterlich-gotische Erbe ist. Seine Dramen setzen noch weithin ein Weltbild voraus, bei dem die Erde im Mittelpunkt des Kosmos steht (Ptolemäus); Shakespeare vernimmt die Sphärenmusik, wenn er hier ohne Zweifel auch die Sprache der Poesie spricht, der nicht immer ein positiver Glaube zu entsprechen braucht. Mittelalterlich ist seine Anschauung von den sechs Zeitaltern, die die Welt zu durchlaufen hat („As you like it"). In diese magisch-mystische Welt, in der es so viele Dinge zwischen Himmel und Erde gibt, von denen sich unsere Schulweisheit nichts träumen läßt („Hamlet"), ist der Mensch hineingestellt mit seiner Furcht vor dem Tode und den Schrecken des Sterbens. So unterschiedlich auch bei Shakespeare die Todesauffassung ist, und so zweifellos sich bei ihm ein deutlicher Wandel zu immer größerer Todesbereitschaft vollzieht, das mittelalterliche Grauen vor dem Zerstörungswerk dieser unheimlichen Macht verläßt ihn nie. Der Tod ist der Vernichter der Jugend wie in „Romeo and Juliet", der 'grim grinning ghost', dem kein Mensch entrinnt. Er ist 'foul and loathsome', wie es in „The Taming of the Shrew" einmal heißt, und bis in Shakespeares Spätwerk hinein beobachten wir den ständigen Kampf mit dem Todesschrecken. Aus dieser Perspektive heraus erscheint das Leben unter dem Motto der Vergänglichkeit, das mannigfach abgewandelt als mittelalterliches Erbe Shakespeares Weltbild bestimmt. Der Unsicherheitsfaktor, der durch den Tod in das Leben hineingebracht wird, findet gerade auch in den Königsdramen erschütternden Ausdruck:

What surety of the world, what hope, what stay,
When this was now a king, and now is clay? (King John, V, 7, 68).

Die Menschen Shakespeares wissen aus leidvoller Erfahrung heraus, wie kurz das Glück ist, wie neben dem Werden das Vergehen steht, wie aller äußere Glanz die innere

Unruhe und Sorge nicht zudecken kann, wie alles Vertrauen in die Menschen immer wieder enttäuscht wird, und wie das Buch des Schicksals stets von neuem offenbart, daß jeder Wert im Wandel der Zeiten in sein Gegenteil verkehrt werden kann. Aus dieser Geisteshaltung spricht der mittelalterliche Vanitasgedanke, der einem Heinrich IV. den schwermütigen Zug des Leidens gibt, den die großen Kämpfergestalten Shakespeares allerdings in kühnem Einsatz überwinden. Das alte Thema vom Fall der Fürsten, das — von Boccaccio und Lydgate kommend — in „Mirror for Magistrates“ (1559) politisch-literarischen Niederschlag gefunden hat, stellt in Shakespeares Königsdramen die Verbindung mit der mittelalterlichen Überlieferung her. Es ist die Vorstellung von dem den Menschen stets aufs neue aufgezwungenen Kampf gegen die Göttin Fortuna, deren Rad sich in ewigem Kreislauf dreht, wie es in „The Rape of Lucrece“ einmal heißt in einem Bilde, das seit der Antike immer wieder begegnet als Symbol der Unbeständigkeit des Glücks. Fortuna ist 'that goddess blind' („Henry V“), wie sie Shakespeare nicht nur aus der Literatur (Chaucer) kannte, sondern auch auf dem Holbeinschen Gemälde in der Guildhall des Stahlhofes dargestellt sah. Vor ihr hat keine Liebe und keine Freundschaft Bestand. Alles reißt sie mit sich in die Tiefe; und es ist ein weiter Weg in Shakespeares innerer Entwicklung, bis er seinen Menschen schließlich doch die Kraft gibt, dieser Göttin Trotz zu bieten. Gewiß weiß er auch, daß Fortuna hold lächeln kann, daß von ihr auch ein starker Zauber auszugehen vermag, der die Lebenskreise des Menschen mit gestaltender Kraft erfüllt; aber erst derjenige hat das rechte Verhältnis zu dieser launischen Göttin, der dank seines starken Willens sich ihr entgegensetzt und das Schicksal, bringe es nun Sieg oder Untergang, mutig auf sich nimmt. So empfindet es Antonius als innere Verpflichtung in sich. Dies ist die germanische Haltung dem Schicksal gegenüber, die Shakespeares Werk in seiner letzten Wirklichkeit bestimmt.

Diese Verwurzelung Shakespeares in der mittelalterlichen Vorstellungswelt hat einen ganz bestimmten Begriff des Tragischen, wenigstens als Durchgangsstadium gezeitigt. In einer Welt, in der Fortuna herrscht, gehen die Menschen nicht durch eigene Schuld zugrunde, sondern sind eben Opfer dieser sie und ihr Tun bestimmenden Macht. Das gilt für die Helden Shakespeares bis etwa zu „Julius Caesar" hin. Ein Talbot in „Henry VI" oder ein Titus gehen zugrunde, weil sie Fortuna gegen sich haben, nicht weil sie vor sich selbst schuldig geworden sind. Diese gotische Tragik hat allerdings bei Shakespeare einen stark heroischen Zug, weil sie alle Kräfte der Gegenwehr im Menschen mobilisiert.

Soweit das Weltbild Shakespeares gotische Züge trägt, hat es noch Raum für den höfisch-ritterlichen Gedanken. Hier handelt es sich allerdings mehr um das Nachleben eines romantischen Feudalismus — etwa in den frühen Komödien, deren Hauptthema ähnlich wie das der alten Romanzen das stilisierte Spiel der Minne ist. Jedoch bedeutet die ritterliche Lebensform für Shakespeare gleichzeitig den Ausdruck einer bestimmten Wertwelt. Das gilt namentlich für die Königsdramen, in denen 'fair play', von Faulconbridge in „King John" zum ersten Male gebraucht (W. Schmidt), zum Gesetz eines als sittlich gewerteten Handelns erhoben wird. Dieses wird weithin durch den Gedanken der Ehre beherrscht, der ebenfalls noch den ständisch-ritterlichen Charakter hat (Norfolk in „Richard II"). Bezeichnend ist allerdings, daß Shakespeare sich der Gefahr einer Veräußerlichung des Ehrbegriffs deutlich bewußt ist und diesen immer mehr ablehnt. So stellt etwa die Ehrauffassung eines Hotspur in „Henry IV" mit ihrem ausgesprochen persönlichen Charakter einen Wertbegriff dar, dem doch das verpflichtende Ethos fehlt. Höher gilt deshalb jene innere Ehre, die nicht an den ritterlichen Stand gebunden, sondern Haltung einer sittlichen Persönlichkeit schlechthin ist. Mit dieser Auffassung beginnt die Überwindung der Gotik, die sich schon bei Chaucer vorbereitet (Héraucourt) und in „Coriolanus" und „Antony and Cleopatra" zu einer entscheidenden problematischen Auseinandersetzung geführt hat. Wenn Antonius um seine Ehre kämpft, geht es nicht um die Rechtfertigung eines festgeformten Gesellschaftsbegriffs, sondern um die Wiederherstellung eines durch Schuld verletzten Sittengesetzes. Veräußerlichte Ehre führt zum verhängnisvollen und zerstörenden Ehrgeiz eines Macbeth.

So sehr Shakespeares Dramen auch vom Geist des mittelalterlichen Rittertums durchzogen sind, so wahrscheinlich es ist, daß der Dichter die verbreitetsten Ritterromane der Zeit wie den „Mirror of Knighthood" (1579) u. a. gekannt hat, so wenig darf man annehmen, daß er wie viele seiner Zeitgenossen im Rittertum noch eine vorhandene Wirklichkeit sah, sondern für ihn stellte es sich als „Sehnsucht nach dem schöneren Leben“ (Huizinga) dar, bedeutete es eine wertvolle Ideologie, die aber nicht wie bei Brutus in „Julius Caesar“ oder bei Hektor in „Troilus and Cressida“ dazu führen darf, daß die Verbindung mit dem Leben der Wirklichkeit um der Idee willen verlorengeht.

Schließlich finden sich noch Ausstrahlungen der mittelalterlichen Literatur in Shakespeares Werk. Sein Drama ist ohne die mittelalterlichen Vorstufen nicht denkbar; die Geschichtsschreibung der Vergangenheit bietet ihm eine wichtige Quelle; die in der Zeit vom 13. bis 15. Jahrhundert entstandenen „Exempla“ sind in ihren Wirkungen bis in den „Macbeth“ hinein zu verfolgen; ja, sogar Erinnerungen an die Scholastik hat man feststellen wollen (Curry). Besonders aber lebt bei Shakespeare wie überhaupt im geistigen Bewußtsein der Zeit Chaucer weiter, der von „Midsummer-Night's Dream“ bis zu „Troilus and Cressida“ als national-literarische Tradition fortwirkt.

Bei diesen verschiedenen literarischen Verknüpfungen darf man auch das volkskundliche Element nicht übersehen, das weit über das Mittelalter hinaus in die germanische Vorzeit führt (vgl. die Elfen des „Midsummer-Night's Dream“, in denen die Erinnerung an die Lichtalben weiterlebt) und sich mit den keltischen Bestandteilen der englischen Kultur vermischt. Shakespeares Stellung zur Welt des Übersinnlichen erfährt von hier aus eine bezeichnende Beleuchtung. Die Vorzeichen und Naturerscheinungen, die die Ereignisse auf Erden im Guten wie im Bösen begleiten, die Seelenwesen, die allerhand Gestalt annehmen, die Geister, die in der Nacht ihre Herrschaft ausüben, die 'weird sisters' in „Macbeth“, das alles ist altes Überlieferungsgut, das noch im 16. Jahrhundert weithin lebendig ist, wenn auch in jedem Einzelfall die Frage gestellt werden muß, ob nicht bei Shakespeare das eine oder andere nur poetisches Mittel ist, dem kein wirklicher Glaube mehr entspricht. So steht dem Ausspruch des Grafen Kent, daß unser Tun und Lassen durch den Einfluß der Gestirne bestimmt werde:

It is the stars,
The stars above us, govern our conditions;
Else one self mate and make could not beget
Such different issues. („King Lear“, IV, 3, 34 ff.)

im gleichen Stück die spöttische Erwiderung auf einen solchen Glauben durch den skeptischen Edmund entgegen:

> This is the excellent foppery of the
> world, that, when we are sick in fortune, — often
> the surfeit of our own behaviour, — we make
> guilty of our disasters the sun, the moon, and
> the stars; as if we were villains by necessity,
> fools by heavenly compulsion, knaves, thieves,
> and treachers by spherical predominance,
> drunkards, liars, and adulterers by an enforced
> obedience of planetary influence; and all that
> we are evil in, by a divine thrusting on: an
> admirable evasion of whoremaster man, to lay
> his goatish disposition to the charge of a star!
>
> („King Lear", I, 2, 128 ff.).

Auf jeden Fall gehören aber für Shakespeare das Mittelalter und die germanisch-keltische Vorzeit zur nationalen Substanz und sind fruchtbar für sein gesamtes Schaffen geworden.

b) Renaissance

Shakespeares Drama wird weiterhin geistesgeschichtlich durch die Welt der Renaissance und des Humanismus bestimmt. Man möchte sogar sagen, daß die höchsten Werte dieser Kultur in ihrer nationalenglischen Prägung in seinem Werk ihre Verwirklichung gefunden haben. Allerdings ist Shakespeare nicht nur höchster Vollender der elisabethanischen Kultur, sondern wie kein anderer auch ihr Überwinder, indem er immer stärker die die Renaissance ablösende Weltanschauung des Barocks in sich aufnimmt.

Die reinste Offenbarung des Renaissancegeistes für das England der Zeit ist Italien, von dessen Gedankengut auch das Werk Shakespeares reich befruchtet worden ist. So stilecht auch die italienische Landschaft vieler seiner Stücke anmutet sowohl in der Heiterkeit der Komödie („The Two Gentlemen of Verona") als auch in der Schwere der Tragödie („Romeo and Juliet"), eine Reise des Dichters in den Süden braucht man deswegen nicht anzunehmen. Padua als Stadt der Kunst und Gelehrsamkeit („The Taming of the Shrew") und Venedig als Sitz des Reichtums, der Leichtlebigkeit und des heiteren Lebensgenusses („The Merchant of Venice", „Othello") sind die örtlichen Mittelpunkte von Shakespeares Bildern des Südens; doch wird einem besonders bei der Landschaft von „Romeo and Juliet" deutlich, wie die Schilderung sich im wesentlichen auf das Atmosphärische beschränkt. Gewiß hat auch die italienische Literatur, namentlich die Commedia dell'Arte, das Drama Shakespeares beeinflußt (vgl. etwa „The Taming of the Shrew"), aber seine eigentliche Wirkungskraft beruht doch erst auf der Verschmelzung der fremden mit der einheimischen Überlieferung.

Wie unabhängig Shakespeare innerlich von der Renaissance italienischer Prägung letzten Endes geblieben ist, zeigt seine Auffassung von den Frauen. Zwar tragen sie oft italienische Namen, zwar kennt Shakespeare auch den Typ der gelehrten Frau, wie ihn der Humanismus hochschätzte — man denke an Portia mit ihren juristischen, an Helena mit ihren medizinischen Kenntnissen oder an Bianca mit ihrer stark musischen Bildung —, aber das eigentliche Frauenideal Shakespeares ist wie bei so vielen englischen Autoren des 16. Jahrhunderts nicht in der Gedankenwelt der Renaissance und des Humanismus verwurzelt. Noch ausgesprochen mittelalterlich ist namentlich der Griseldistyp, aber auch die leichte Geringschätzung der Frau, wie sie des öfteren in den sogenannten 'problem comedies' der Jahrhundertwende begegnet, wenn sich hier auch manches als bloße Übernahme der Quellen herausstellen dürfte. Ohne Zweifel werden Shakespeares eigenem Wunschbild am meisten jene gesund empfindenden weiblichen Gestalten entsprechen, die in fraulicher Hingabe dem Manne zugetan sind, ohne jedoch ihre innere Selbständigkeit aufzugeben, die eine unbeirrbare Natürlichkeit besitzen, die hoheitsvoll und doch fröhlich zugleich sind, eine Rosalind und Viola, eine Portia und Volumnia, eine Cordelia und Miranda (H. Heine, Shakespeares Mädchen und Frauen, 1839).

In diesem Zusammenhang ist auch Shakespeares Einstellung zu dem in der Renaissance vielerörterten Problem der Liebe zu betrachten. Das petrarkistische Liebesspiel fehlt zwar in seinen frühen Werken nicht („The Two Gentlemen of Verona", „Love's Labour's Lost"), ist aber von Anfang an von feinem Spott gegen die als fremd empfundene Geschmacksrichtung begleitet. Liebe ist aber für ihn auch nicht sinnliche Lust, obwohl seine Gestalten vielfach die Opfer ihrer leidenschaftlichen Triebe sind. Shakespeare kennt den ganzen erbarmungslosen Aufruhr der Seele, wenn die Sinne locken (Antonius, Troilus); aber er weiß, daß 'love' etwas anderes ist als 'lust', eben jene Kraft, die das ganze Wesen des Menschen durchdringt und sich als ethisches Bewußtsein tief in die Seele gräbt.

Trotz des Abstandes, der Shakespeare von Italien trennt, ist er doch für den neuen Zeitgeist aufgeschlossen. Er erlebt mit tiefer Anteilnahme das Realitätsbewußtsein einer Generation, die sich in einen ganz neuen irdischen Raum hineingestellt sieht und ihn mit ihrer Existenz auszufüllen trachtet. Allerdings kennt Shakespeare auch noch andere Wirklichkeitsbereiche. Er hat sich den Lockungen des Lebens in rauschhafter Trunkenheit hingegeben, eben als Kind eines Geschlechtes, das das Mittelalter zu überwinden im Begriffe war; aber das Dasein ist für ihn nicht nur und nicht in erster Linie ein Bekenntnis zur sinnlich wahrnehmbaren Welt: das Kästchensymbol in „Merchant of Venice" ist das aufschlußreichste Zeugnis für seinen Glauben an eine Realität, die sich in einer „allgemeinbedeutenden Sinngebung eines größeren Zusammenhangs" (Petersen) erfüllt. Deswegen ist der Kampf zwischen Sein und Schein bei ihm von entscheidender Bedeutung, in dem alle unterliegen, die sich nicht einzuordnen vermögen in eine von Sinnwerten erfüllte Wirklichkeit, eben jene Idealisten der Einseitigkeit vom Typ eines Percy Hotspur oder Hektor. Weil somit der Realitätsbegriff von Shakespeare über die rein sinnliche Wirklichkeit hinaus erhoben wird, ist man berechtigt, auch die Märchenspiele der Spätzeit unter dem Gesichtspunkt dieser höheren Realität zu begreifen; sie haben repräsentativen Charakter und erweitern das Wirkliche zum Symbol.

Shakespeares Realitätsbewußtsein ist auf das engste mit dem Zeitproblem verbunden, das für die Menschen des 16. Jahrhunderts eine gewichtige Rolle gespielt hat. So wenig sich Shakespeare auch zur revolutionären Lehre eines Coppernicus bekennen mochte, der durch diese dem Lebensgefühl nahegebrachte, neue Bewegungsfaktor ist auch ihm bewußt geworden und trennt ihn vom Menschen der Gotik. Er kennt die Zeitangst, jenes Gefühl eines an Schnelligkeit zunehmenden Eilens zum Ende hin, und so spricht er in den Sonetten von 'the devouring time', die mit der Sanduhr erscheine und zum Tode rufe. Gerade die Renaissance, die wie keine Epoche zuvor vom Recht der Jugend kündete, mußte die Vergänglichkeit besonders bitter empfinden. Die Zeit ist, wie es in „The Rape of Lucrece" heißt, 'the eater of youth', die nicht eher ruhe, bis alles blühende Leben ihr verfallen sei. Flüchtig wie die Jugend ist auch die Schönheit, und nur eine Sicherung ihres Bestandes kennt Shakespeare: die körperliche Nachfolge (Sonette). Die Menschen, die wie Richard II. von der Zeit gezeichnet sind, sind verflucht. So wird das Leben zum „Narren der Zeit", und ganz bitter heißt es in „Troilus and Cressida":

For beauty, wit
High birth, vigour of bone, desert in service,
Love, friendship, charity, are subjects all
To envious and calumniating time. (III, 3, 166 ff.)

So hat Shakespeare wie kein zweiter den nachfolgenden Generationen in seinen großen Tragödien das Tragische unwiderruflicher Zeitlichkeit, das Gefühl für die unwiederbringlich dahingegangene Zeit in einem kurzen Menschendasein nahegebracht. Über die verflossene Zeit erschrecken seine Helden, und oft gerade dann, wenn sie den Gipfel der Macht erkämpft haben. Mit dem Gefühl flüchtiger Zeitlichkeit werden sich seine Dramengestalten aber zugleich auch des Einmaligen ihres geschichtlichen Wertes bewußt. Das Auftauchen und Schwinden der Geschlechterreihen in seinen Tragödien, die nur im Ganzen der englischen Geschichte verstanden werden können, hat der Nachwelt ein verstärktes Geschichtsbewußtsein vermittelt. Und so kennt Shakespeare dann auch die Erlösung von der Macht der Zeit, die aus der Erkenntnis erwächst, daß in dem Vergehen gleichzeitig die Erfüllung des Lebenssinnes liege, von dem ein Cassius spricht. Nun ist jener heroische Willenseinsatz möglich, sich das von der Zeit geformte Schicksal untertan zu machen, wie es in Shakespeares großen Dramen der Fall ist. Aber erst in dem Augenblick, wo das empirische Zeitgefühl ganz in den symbolischen Wirklichkeitsbegriff einmündet, erhält die Zeit den Charakter der Unvergänglichkeit. Damit wird auch dem Leben des Menschen ein höherer Sinn gegeben.

Nunmehr ist aller Wandel in eine kosmisch bedingte Ordnung einbezogen, und das Wissen darum verleiht den

Menschen allen Wechselfällen gegenüber das Gefühl der Sicherheit. Darum ist bei Shakespeare der Kampf gegen das Chaos so erbittert, droht doch von hier aus dem Leben selber Vernichtung. Der Ordnungsgedanke ist vielgestaltig. Er äußert sich in der Freude an Symmetrie in den frühen Lustspielen; er wird in den Sonetten beschworen, wenn Sinnenlust und Leidenschaft verderbenbringend auf den Menschen einstürmen; in den politischen Dramen begegnen wir ihm, wenn die schwachen Könige den Kämpfern um ein neues Staatsideal unterliegen. Je düsterer sich die Welt Shakespeare darstellt, desto unerbittlicher wird sein Ringen, das Chaos gerade auf dem Gebiete des Sittlichen zu überwinden. Die große Rede des Ulysses in „Troilus and Cressida" ist dabei gleichsam das Leitmotiv für jene Wertwelt, um die es in den späten Tragödien geht.

Dieser Glaube an die Ordnung steht in engster Verbindung mit Shakespeares Naturerlebnis. Wie wenige in seiner Zeit verwächst er mit der Natur, die er bis in ihre Einzelheiten hinein beobachtet; seine Sehnsucht nach ländlicher Umgebung treibt ihn immer wieder aus der Stadt in seine Heimat, weil für ihn hier der Schwerpunkt seines kosmischen Ordnungsbewußtseins liegt. Wenn er immer wieder die Nacht in ihrer ganzen Grauenhaftigkeit erlebt, wenn er die Geister aus den Gräbern steigen und das Nachtgezücht seiner Beute zuschleichen läßt („Macbeth"), dann versinnbildlicht sich ihm hier jenes Chaos der Seele, das die Menschen ihrer Ruhe beraubt. Wo hingegen Harmonie und Ordnung herrschen, bekommt auch die Nacht jenen musikerfüllten Zauber, der dem 5. Akt des „Merchant of Venice" den Reiz höchster Poesie verleiht. Alles Werden und Vergehen ist für ihn unter das große Gesetz der Natur gestellt. Von ihr geht auch jene Heilkraft aus, die den Mönch in „Romeo and Juliet" mit frommer Liebe zu den Kräutern erfüllt, und die in „King Lear" Cordelia leidenschaftlich beschwört als Linderung für das schwere Leiden ihres Vaters.

Die kosmische Welt, die Shakespeare gegen alles Chaos verteidigt, ist ihm erfüllt von Musik. Man kann die große Bedeutung, die diese Kunst in seinem Drama spielt, auf einen von Jugend an vorhandenen, starken musikalischen Sinn zurückzuführen, der — namentlich soweit das gern gebrauchte Beispiel der Sphärenmusik in Frage kommt — an antik-mittelalterliche Vorstellungen gebunden ist. Die Deutung jedoch ergibt sich uns erst, wenn wir das Musikalische des Shakespeareschen Dramas mit der tiefen Sehnsucht seiner Seele nach Harmonie und Ordnung zusammenbringen, die in der Musik ihre höchste Erfüllung findet. Wo das Chaos des Lebens herrscht, ist für Musik kein Raum vorhanden („Richard II"); wo aber der Mensch vor den großen Entscheidungen seines Lebens steht, vermag sie die Widersprüche zu lösen und die Seele zu entspannen („Julius Caesar"). Sie ist die große Zauberin, die durch ihren engen Seinszusammenhang mit dem Kosmos dem Menschen eine Welt eröffnet, in der sich die Unruhe der Zeit zur Ruhe der Ewigkeit löst und das Unvollkommene an die Vollkommenheit gebunden wird.

Die vom Ordnungsgedanken bestimmte Wertwelt ist innerlich mit dem humanistischen Erlebnis verbunden. Shakespeares Verhältnis zur Antike ist auf der unteren Ebene eine Kenntnis des klassischen Altertums, wie sie ihm durch Schule und Lektüre vermittelt worden ist. Die Frage, wieweit er die alten Sprachen beherrschte — seine Kenntnisse waren, wenigstens was Latein angeht, größer als vielfach angenommen wird —, bedeutet allerdings wenig für die Erkenntnis der Wirkung des Altertums auf den geistig-weltanschaulichen Gehalt seines Werkes. Auf jeden Fall gilt auch für Shakespeare wie fast für die gesamte englische Renaissance, daß ihm für die formal-ästhetische Seite der Antike das Organ fehlt, daß vielmehr auch er jene Neuformung des Altertums aus der nationalen Wertsphäre vollzieht, die für das englische 16. Jahrhundert so charakteristisch ist. Vergil, der Dichter der „Bucolica" und „Georgica", mußte einen Dramatiker anziehen, der in seiner Schollengebundenheit immer wieder den Weg aus der Großstadt in die ländliche Stille suchte; und die „Aeneis", deren Spuren sich bis „Hamlet" nachweisen lassen, sprach Shakespeare insofern an, als er hier jene Darstellung des großen Schicksals fand, das dem Menschen als Gabe und Aufgabe zugleich gegeben wird. Das antike Lebensgefühl wird übersteigert und Ausdruck des heroischen Menschentums (Schirmer). Das gilt selbst für Ovid, dessen „Metamorphosen" ihn in erster Linie beeinflußt haben. Die Bilder und Vergleiche, die Shakespeare von ihm übernimmt und die seine genaue Kenntnis des antiken Autors verraten, werden aus der Alltäglichkeit herausgehoben und in festlich-heroisches Stimmungsgut umgebildet. Dem Streben nach einer heldischen Steigerung des Lebens kommt auch Seneca entgegen: man versteht, daß Shakespeare gleich vielen seiner Zeitgenossen von „Titus Andronicus" bis zu „Macbeth" hin viel von dem Pathos und der dynamischen Bewegtheit aus den Tragödien des römischen Dichters übernehmen konnte.

Seneca ist ihm vor allen Dingen auch Vorbild für die stoische Ruhe und Beherrschtheit der Menschen, die auch sein Kulturideal ist. Vernunft und Einsicht sollen das Leben bestimmen; 'self-control' im Sinne humanistischer Maße wird deutlich erhobene Zielforderung. Von Humphrey Gloucester bis zu Brutus und Hamlet begegnen uns in Shakespeares Werk jene Menschen, deren ars vivendi aus der stoischen Philosophie stammt. Sie gibt ihnen die Kraft, der Macht der Fortuna zu begegnen und die Widerwärtigkeiten des Schicksals zu überwinden, aber auch die Stärke, nach dem Vorbild der Römer gefaßt und heldisch in den Tod zu gehen. In dieser stoischen Bereitschaft zum Sterben wird alle Todesfurcht überwunden. „Wer zu sterben fürchtet, ist der Knecht des Todes." Dieses Wort aus „Richard II." kennzeichnet die Wende in Shakespeares Entwicklung. Von nun an sterben seine Helden wie Brutus oder Hamlet. Die Frage des Freitodes bleibt bei ihm unentschieden, da christliches Gedankengut (Hamlet, Imogen) sich mit stoischem mischt; aber gerade in den Römerdramen bekommt der Freitod jene Erhabenheit, die antiker Tradition entspricht (Brutus, Antonius). Hier hatte außer Seneca namentlich Plutarch das Vorbild abgegeben. Sein Einfluß auf Shakespeare ist nicht nur stofflich, sondern vollzieht sich auch im Sinne jener Heroisierung des Lebensgefühls, die in der Übersetzung von North noch stärker hervortritt als im Original (Heuer). Die aus der Antike übernommenen Wertformen werden sonst bei Shakespeare in den Dienst der politischen Willensbildung gestellt, namentlich soweit die Römerdramen in Frage kommen. So tragen auch diese zur Stärkung seines Nationalbewußtseins bei, das bereits in den Königstragödien auf Grund volkhafter Geschichtsüberlieferung einen starken Auftrieb erfahren hatte.

Es liegt im Geist der damaligen Zeit begründet, daß die griechische Antike nicht dieselbe bedeutende Rolle gespielt hat wie die römische. Wohl lassen sich auch bei Shakespeare hier und da platonische und neuplatonische Einflüsse nachweisen (Curry); aber eine innere Befruchtung durch das Griechentum wie etwa bei Spenser ist bei Shakespeare nicht festzustellen. Gewiß huldigt er wenigstens in der frühen Zeit seines Schaffens, namentlich in den Sonetten, dem Schönheitskult klassischer Prägung; aber er überwindet ihn bald (Problem der 'dark lady'), weil dieser seiner Geisteswelt fremd ist. Auch das antike Freundschaftsideal ist in den Humanismus Shakespeares eingegangen. Die frühen Komödien und die Sonette kennen jene platonische Gleichsetzung von Freundschaft und Liebe, die Gemeingut der europäischen Renaissance geworden ist. Doch auch hier ist bei Shakespeare der Höhepunkt dieser Tradition überschritten; sein Streben geht mehr auf eine männliche Freundschaft (Horatio und Hamlet) und einen Liebesgedanken hin, der eher dem Gehalt der griechischen ἀγαπή-Idee entspricht.

So läßt sich feststellen, daß sich Shakespeare im Laufe seines Schaffens immer stärker von der Antike löst. Das ist wie so oft im englischen Humanismus vielleicht kein bewußter Vorgang, sondern ein Hineinwachsen in eine eigene Wertwelt, die unabhängig vom klassischen Vorbild ist.

Neben Humanismus und Renaissance hat die Reformation das Denken des 16. Jahrhunderts stark beeinflußt; doch ist Shakespeare an ihr völlig vorbeigegangen. Seine Bibelkenntnis ist sicherlich nicht gering gewesen, ist aber in einer Epoche, in der noch das liturgische Drama lebendig war, nicht weiter erstaunlich; auch sonstiges religiöses Schrifttum namentlich homiletischer Art hat sich in seinem Werke niedergeschlagen (Hart); aber eine kämpferische Auseinandersetzung mit Glaubensdingen und den Streit der Bekenntnisse hat er gemieden. Er vertritt ein tolerantes Christentum und ist durchdrungen von dem Glauben an eine Vorsehung, die die menschlichen Schicksale lenkt. Jenes Hamlet-Wort: 'There's a divinity that shapes our ends, Rough-hew them how we will' (V, 2, 10 f.) ist sein Glaubensbekenntnis, das durch den Begriff der Gnade erweitert wird. Gnade umschließt für ihn das menschliche Verzeihenkönnen, das seine schönste Formulierung in den Portia-Worten des „Merchant of Venice" gefunden hat

(IV, 1). Sie ist aber auch eine heroische Tat und verpflichtendes Gesetz edler Menschen („Coriolanus"). Immer notwendiger wird 'mercy', je mehr die Welt sich im Bösen verstrickt. Sie ist höchstes Attribut der Könige und Herrscher („Measure for Measure"), die nur in ihrem Zeichen das ihnen von Gott verliehene Amt wahrhaft erfüllen können; sie ist schließlich der Adel verstehender Menschlichkeit („Tempest"). Man sieht, auch 'mercy' und 'grace' sind nur in beschränktem Grade religiös zu fassen, in viel höherem dagegen humanistische Begriffe, insofern als der Akt der Gnade Ausdruck freien Entschlusses des weisen Menschen ist.

Religiöser Kämpfergeist zeigt sich bei Shakespeare nur in seiner Ablehnung des Puritanismus, weil die kunst- und theaterfeindlichen Bestrebungen dieser Bewegung ihn in seinem Künstlertum selber trafen. Die heitere Verspottung Malvolios in „Twelfth Night" ist Shakespeares lachende Antwort auf alles Muckertum.

So ist Shakespeares Weltbild in weitestem Maße von der Zeit bestimmt. Der Dichter hat sich dem Rauschhaften dieser Epoche mit ganzer Seele hingegeben und sich zu der Jugend bekannt, die mehrere Generationen hindurch kulturtragender Faktor war („Romeo and Juliet"). Er hat dem Hofe und den von ihm ausstrahlenden Kräften aufgeschlossen gegenübergestanden und sich als schöpferischer Träger dieser ausgesprochen aristokratischen Kultur gefühlt. Im zeitüblichen Sinne hat er dem Volke, sofern es als Masse in Erscheinung trat, nur scharfe Ablehnung entgegengebracht. Dem einzelnen Glied des Volkes jedoch, ob es sich nun um den einfachen Reitknecht oder Gärtner in „Richard II" oder die schlichten Dienergestalten in „Antony and Cleopatra" oder „King Lear" handelt mit ihrer Treue und Kameradschaftlichkeit, der Persönlichkeit ohne Unterschied des Standes also gehören seine Liebe und sein Verstehen. Fast möchte man in dieser Haltung eine ihm notwendige Ergänzung seines der Hofkultur zugewandten Wesens sehen; denn so sehr Shakespeare Kind seines Zeitalters ist, so deutlich wird bei ihm — im Laufe seines Schaffens in zunehmenden Maße — die innere Abkehr von dieser Epoche. Schon in den Sonetten steht das Wort von der Schmeichelei, die die Pest der Höfe sei. Mit zunehmender Welterfahrung schärft sich Shakespeares Blick für das viele Unechte und Unlautere gerade auch des höfischen Lebens. Den Hof des Königs Claudius in „Hamlet" bilden Streber- und Verbrechernaturen; Shakespeares Menschen fliehen daher den Hof und leben als Verbannte in den Wäldern („As you like it"; „Cymbeline"). So kommt über Shakespeare die weltflüchtige Stimmung der Spätrenaissance, die um die Lebensmitte nach zögernden Anfängen in den frühen Komödien zu einer breiten Strömung wird. Als Melancholie kann sie in „Hamlet" sogar bis an die Grenze des Wahnsinns führen. Die Lektüre der „Essays" von Montaigne, die er um die Jahrhundertwende in der Übersetzung Florios betreibt, kommt einer Seelenverfassung auf das stärkste entgegen, die sich auf der qualvollen Suche nach einem neuen Lebenssinn befindet. Von „Hamlet" bis zu „The Tempest" läßt sich der Einfluß dieses französischen Moralphilosophen nachweisen. Aus ihm übernimmt er auch die Vorstellung vom Goldenen Zeitalter, von dem Gonzalo in „The Tempest" kündet: Es ist jene ideale Welt, in der alle Spannungen und Dissonanzen gelöst sind, und die als Sehnsuchtstraum dem kulturmüden Menschen der Spätrenaissance vor Augen steht.

c) Barock

Es ist eine vielumstrittene Frage, inwieweit Shakespeare auch dem Barock zuzurechnen sei. Die Antwort wird deshalb so schwierig, weil man sich trotz aller Versuche einer Klarstellung über das Wesen des englischen Barocks nicht einig werden kann. Überdies sind viele für barock gehaltene Züge in Shakespeares Werken mittelalterliche Erbstücke innerhalb der englischen Renaissance, die viel stärker mit der mittelalterlichen Tradition verknüpft ist als in anderen Ländern, namentlich Deutschland, wo Humanismus und Reformation einen fast völligen Bruch mit der Vergangenheit herbeigeführt haben. Wenn man unter Barock jenen unüberbrückbar erscheinenden Dualismus verstehen will, der sich für die Menschen um 1600 zwischen Ideal und Wirklichkeit auftut, dann hat Shakespeare, der von „Hamlet" bis zu „Timon" unter diesem Seinsgegensatz auf das schwerste gelitten hat, starken Anteil am Geist des Barocks gehabt. Die Flucht in die Romantik, die wir als eine charakteristische Haltung der Spätrenaissance erkannten, bildet einen auf die Dauer erfolglosen Ausweg, das Verhältnis von Sein und Schein in eine neue Beziehung zu bringen. Die aus den

Fugen geratene Welt kann auf diese Weise nicht wieder in Ordnung gebracht werden. Das wird seit „Hamlet“ zu einer Erkenntnis, die in tiefsten Lebensekel hineinführt. Um dieses qualvollen Pessimismus willen darf „Hamlet“ als Shakespeares erstes Barockdrama bezeichnet werden (Deutschbein). Die Zeit des restlosen Jasagens zum Leben ist vorüber. Klaffend tut sich der Gegensatz auf zwischen dem Menschen als dem mit Vernunft begabten, in seinen Fähigkeiten unbegrenzten, gleichsam gottähnlichen Wesen und dem Geschöpf, das nur Staub ist („Hamlet“, III, 2).

Aus der Erkenntnis dieser Problematik heraus ist das weitere Werk Shakespeares zu verstehen. Das Leben ist schlecht, das Böse triumphiert, und die Menschen sind voll niedriger Gesinnung. Die Tugenden werden durch Übertreibung in ihr Gegenteil verkehrt, und am Ende gähnt das Grab, das ein Timon sich selber schaufelt. In „Macbeth“, „King Lear“ oder „Measure for Measure“, überall begegnen wir dieser barocken Weltanschauung in ihrer lebensverneinenden Form. Der fortwährende Zusammenprall der Werte führt weiterhin zu einer Abkehr von der Welt, die nichts mehr mit romantischer Flucht zu tun hat, sondern aus grenzenloser Einsamkeit stammt. Brutus und Hamlet sind die besten Beispiele für diese Haltung. Gerade weil die Barocknaturen Shakespeares fühlen, daß bei aller menschlichen Umwertung der Werte der Kosmos unbeirrbar seinen Gesetzen folgt, kommt das starke Gefühl des völligen Unwertes über sie, und das Vanitasmotiv erklingt schwermutvoller als je. Der Schicksalsgedanke, der das späte Werk Shakespeares durchzieht, wird zunächst wenigstens im Sinne der völligen Unfreiheit des Menschen gefaßt und gibt diesem das Gefühl, daß alles Handeln zwecklos sei, da nicht Plan, sondern Willkür das Leben lenke.

Barockes Lebensempfinden äußert sich aber auch in dem unermüdlichen, leidenschaftlichen Ringen, den Dualismus der Welt zu überwinden, und zwar aus den tiefen, metaphysischen Urgründen des Daseins heraus. Dieser Drang, zu einer neuen, sinnerfüllten Welt zu kommen, gebiert einen Heroismus, der einen ganz anderen Grundcharakter hat als das Übermenschentum der Renaissance: er ist in weitestem Maße kosmisch bestimmt. Shakespeares Weg als Mensch und Künstler zeigt deutlich die Entwicklung zu dieser anderen Lebensform hin. Man vergleiche etwa nur die Sprache der frühen Königsdramen mit der der großen Barocktragödien. Dort haben wir gewaltiges Pathos, unerhörten Redeprunk, ein ständiges Dröhnen der Worte; aber der namentlich durch das Vorbild Senecas bedingte Reichtum der Sprache bleibt ganz im Flächenhaften. Der Rhythmus der Barocksprache jedoch ist dynamisch und zeigt den steten Drang in das Unendliche. Die Bilderfülle ergibt sich dem Dichter aus dem Wissen um die Polarität zwischen Immanenz und Transzendenz und gleichzeitig aus dem Willen, den lähmenden Pessimismus zu überwinden. Das gilt namentlich für „King Lear", wo gerade auch die vielen 'compound epithets' jene dramatische Gespanntheit zeigen, die Ausdruck für das Kämpfertum des barocken Shakespeare ist. Das Wort wird zum Symbolträger. (Vgl. etwa die Licht-Dunkelsymbolik des Todes in der Bildersprache von „Antony and Cleopatra", die Clemen herausgearbeitet hat.) Dann aber lösen sich die Spannungen, und die Sprache Shakespeares bekommt jene Einfachheit und Schlichtheit, in der sich die Überwindung der Disharmonie ausdrückt. 'The rest is silence', kann ein Hamlet sprechen, und Macbeth drückt den Entschluß zu seiner Tat in dem schlichten Satz aus: 'I am settled'. Das sind Bekenntnisse, die aus schicksalhaften Auseinandersetzungen geboren sind. Es ist eine Einfalt der Sprache, die nicht unbeholfener Anfang, sondern reife Frucht tiefer Welterkenntnis ist.

So bedeutet Shakespeares Eintritt in die Wertwelt des Barocks eine bedeutsame Erweiterung seines geistigen Horizonts. Wie die Märchenstücke am Ausklang seines Schaffens beweisen, hat der Dramatiker auch dem barocken Prunk- und Festtheater, in dem sich das Heroisch-expansive jener Epoche am deutlichsten enthüllt, Zugeständnisse gemacht, allerdings in Form einer die Wirklichkeit auflösenden Idealisierung, die als Allegorie gewertet werden will. Von „Cymbeline" bis zu „The Tempest" reicht dieser Sieg der Phantasie über die Realität, ohne daß es Shakespeare jedoch recht gelungen wäre, sich das Kunstideal dieses Barocktheaters ganz zu eigen zu machen.

Literatur:

H. Littledale, Folklore and Superstitions, Ghosts and Fairies, Witchcraft and Devils. In: „Shakespeare's England", vol. I (Oxford UP., 1917).

F. E. Schelling, Shakespeare and Demi-Science (University of Pennsylvania Press, 1927).
E. W. Naylor, Shakespeare and Music (London 1928).
Bruce Pattison, Music and Poetry of the English Renaissance (London, Methuen, 1948).
Cumberland Clark, Shakespeare and Science (Birmingham, Cornish, 1929).
Susanne Türck, Shakespeare und Montaigne (Leipzig 1930).
M. Deutschbein, Shakespeares Hamlet und Montaigne (in: „Shakespeare-Jahrbuch", Bd. 80/81, 1946).
W. F. Schirmer, Chaucer, Shakespeare und die Antike (Leipzig, Teubner, 1932).
Emil Wolff, Shakespeare und die Antike (in: „Die Antike", Bd. 20, 1944; in erweiterter Form in: Antike und Abendland, Hamburg 1946).
M. Deutschbein, Individuum und Kosmos in Shakespeares Werken (in: „Shakespeare-Jahrbuch", Bd. 69, 1933).
W. F. Schirmer, Shakespeare und die Rhetorik (in: „Shakespeare-Jahrbuch", Bd. 71, 1935).
R. S. H. Noble, Shakespeare's Biblical Knowledge, and the Use of the Book of Common Prayer (London 1935).
P. Meissner, Das Goldene Zeitalter in der englischen Renaissanceliteratur (in: „Anglia", 1935).
P. Meissner, Empirische und ideelle Zeitvorstellungen in der englischen Renaissance (in: „Anglia", 1936).
W. Farnham, The Medieval Heritage of Elizabethan Tragedy (Berkeley, California UP., 1936).
W. C. Curry, Shakespeare's Philosophical Patterns (Louisiana, State UP., 1937).
P. Meissner, Renaissance und Humanismus im Rahmen der nationalenglischen Kulturidee (in: „Shakespeare-Jahrbuch", Bd. 73, 1937).
Ed. Eckhardt, Shakespeares Anschauungen über Religion und Sittlichkeit, Staat und Volk (Weimar, Böhlau, 1940).
Jos. Frank, Shakespeare, Galilei, Rubens (Stuttgart 1941).
Theodore Spencer, Shakespeare and the Nature of Man (New York, Macmillan, 1942, 1943²).
E. M. W. Tillyard, The Elizabethan World Picture (London 1943).
Gisela Prym-von Becherer, Das Weltbild der Shakespearezeit (Diss., Marburg 1946).
P. Reyher, Essai sur les idées dans l'œuvre de Shakespeare (Paris, Didier, 1947).
W. B. Watkins, Shakespeare and Spenser (London, Cumberlege, 1950).
H. Heuer, Der Geist und seine Ordnung bei Shakespeare (in: „Shakespeare-Jahrbuch", Bd. 84/86, 1948/50, S. 40—63).

V. de Sola Pinto, The English Renaissance 1510—1688. In: „Introductions to English Literature", vol. 2 (London, Cresset Press, 1951[2]).
Carroll Camden, The Elizabethan Woman (New York, Houston; London, The Elsevier Press, 1952).

Walter Hübner, Der Vergleich bei Shakespeare (Diss., Berlin 1908).
Magdalene Klein, Shakespeares dramatisches Formgesetz. Bindung und Prosa von Shakespeare bis zum deutschen Expressionismus (München, Hueber, 1930).
Caroline F. E. Spurgeon, Shakespeare's Iterative Imagery (London, Milford, 1931).
Caroline Spurgeon, Shakespeare's Imagery (Cambridge UP., 1935; repr. 1952).
Wolfgang Clemen, Shakespeares Bilder (Bonn, Hanstein, 1936). — W. Clemen, The Development of Shakespeare's Imagery (London, Methuen, 1951).
O. Elton, Style in Shakespeare (in: „British Academy", vol. XXII, 1936).
Wilhelm Franz, Zur Sprachkunst Shakespeares (in: „Anglia", Bd. 62, 1938).
U. Ellis-Fermor, Some Recent Research in Shakespeare's Imagery (London, Milford, 1938).
Wilhelm Franz, Die Sprache Shakespeares in Vers und Prosa (Halle, Niemeyer, 1939[4]).
M. E. Prior, The Language of Tragedy (New York, Columbia UP., OUP., 1947).
M. M. Morozov, The Individualization of Shakespeare's Characters through Imagery (in: „Shakespeare Survey", ed. by A. Nicoll, vol. 2, pp. 83—106, Cambridge UP., 1949).
B. Ifor Evans, The Language of Shakespeare's Plays (London, Methuen, 1952).

Zweites Kapitel: Shakespeares Persönlichkeit

Man würde Shakespeare mißdeuten, wollte man sein Werk in erster Linie als Gefäß ideengeschichtlicher Auseinandersetzungen fassen. Shakespeares Weg zur Bühne ist vielmehr zunächst ausschließlich der eines Lebensrealisten, der hier die beste Möglichkeit zu fruchtbarem Wirken findet. Nicht ein Sendungsbewußtsein, das verpflichtende Gefühl einer großen Aufgabe treibt ihn, sondern eine ausgesprochen visuelle Veranlagung drängt ihn dazu, die Geschöpfe seiner genialen Phantasie auf der Bühne zu verwirklichen, um auf diese Weise zu Erfolg und Einfluß zu gelangen. Im einzelnen wissen wir über den künstlerischen Schaffensvorgang bei ihm nicht viel. Theseus in „The Midsummer-Night's Dream" gibt ohne Zweifel Shakespeares Meinung wieder, wenn er als den stärksten Faktor des künstlerischen Schaffens die Imagination bezeichnet; Aufgabe des Dichters sei es, die ungeformten Wesenheiten der Phantasie zu gestalten und ihnen einen Namen zu geben. Himmlisches und Irdisches berühren dabei einander, und der Dichter, dessen Auge 'in a fine frenzy rolling, doth glance from heaven to earth, from earth to heaven'. Das ist dasselbe Kunstprinzip, das Sidney in seiner „Defence of Poesie" (1580) vertreten hatte, und das später in der Romantik neu auflebte. Es umschließt die Anerkennung des spontanen Schaffensvorgangs, die im Zeitalter des Klassizismus durch die These von der Lehrhaftigkeit der Dichtung abgelöst wurde. Wenn Shakespeare sich zu jener bekennt, wiewohl er in „Hamlet" vor der Überbetonung des Irrationalen warnt, steht er ganz auf dem Boden der englischen Renaissance. Von hier aus hat man auch seine scharfe Ablehnung der Trennung der Kunstformen zu verstehen. Komödie und Tragödie lassen sich für ihn nicht reinlich voneinander scheiden, sondern erwachsen aus denselben Wurzeln schöpferischer Gestaltungskraft heraus.

In seinem Werk hat Shakespeare nun dem Gestalt verliehen, was man als das Ergebnis der Auseinandersetzung zwischen seinem schöpferischen Ich und der ihn umgebenden Welt bezeichnen kann. Dabei ist er zunächst ein ausgesprochen zeitbedingter Dichter, der dem England seiner Tage voll und ganz verhaftet ist. Kennzeichnend für ihn ist eine ausgesprochen praktisch-utilitaristische Haltung, die sich besonders in der Auswahl der Patrone oder in der Anpassung an den Geschmack des Hofes zeigt. Als geschäftstüchtiger Mann kam er zu Wohlhabenheit und Ansehen. Da Shakespeare selbst Schauspieler war und für Schauspieler schrieb, besteht eine unmittelbare Beziehung zwischen Dichter und Darsteller. Daß die Zusammensetzung seiner Truppe Shakespeare als Theaterdichter mancherlei Beschränkungen und Rücksichten auferlegte, darf dabei nicht übersehen werden. In seinen Dramen finden sich zahlreiche Wiederholungen von Gedanken, Situationen, Motiven und Redeteilen. Wie bei den zeitgenössischen Dramatikern treffen wir auch bei Shakespeare zahlreiche Anachronismen und geographische Irrtümer an, wie die Erwähnung des Aristoteles zur Zeit des trojanischen Krieges in „Troilus and Cressida", die Trommeln in „Coriolanus", die Schlaguhr in „Julius Caesar", die Kanonen in „King John", die Löwen des Ardennerwaldes in „As you like it", die Küste von Böhmen als Nachbarland Siziliens in „The Winter's Tale" und anderes mehr. Das letztere wurde schon von dem nach Shakespeare bedeutendsten gelehrten Dramatiker Ben Jonson (1573—1637) getadelt. Er hat seinen Alltag und seine Arbeit geliebt; er ist eingereiht in die große, ständische Gliederung des 16. Jahrhunderts, und wenn er sich auch stärkstens zu den höfischen Kreisen hingezogen fühlt, kennt er das Bürgertum und den Handwerkerstand doch aus eigener Erfahrung und scharfer Beobachtung. In seinem tiefsten Wesen war er Aristokrat, der Gesetz und Ordnung verherrlichte und die Ausschreitungen einer Gewaltherrschaft verurteilte, wie die Königsdramen zur Genüge beweisen. Er steht wie die meisten seiner Zeitgenossen in der mit der Nationalwerdung Englands verbundenen Abwehr des Ausländertums. Die Fremden in seinen Dramen, sei es aus der unmittelbaren Nachbarschaft Englands (Wales, Schottland), sei es von weiterher (Spanien, Italien, Frankreich), sind in ihren nationalen Eigenheiten ebenso treffend erfaßt und dargestellt wie unter dem Gesichtspunkt der Abwehr fremden Wesens vielfach karikiert. Shakespeare ist mit wachem Bewußtsein durch seine Zeit hindurchgegangen und hat auch seine Augen nicht vor den Fehlern seines eigenen Volkes verschlossen. Die Worte Portias über den Engländer, seine insulare Enge und sein seltsames Wesen sind ein früher Beweis englischer Selbstkritik, wenn bei Shakespeare dahinter auch immer der leidenschaftliche Glaube an seine Nation steht, dessen Sprachrohr der Bastard Faulconbridge („King John") ist.

In der Persönlichkeit dieses großen englischen Dichters vollenden sich Renaissance und Barock. In seinen mit leidenschaftlicher Spannung erfüllten Dramen werden die Menschen durch die tiefsten Abgründe geführt, um den Weg zu den Höhen erlösender Menschlichkeit zu finden. Shakespeares Werk umspannt die Totalität des Seins: es ist religiös, nicht im Sinne des Fürwahrhaltens bestimmter kirchlicher Dogmen, sondern in dem Glauben an das Verbundensein des Menschen mit der göttlichen Vorsehung; es ist politisch, nicht als ob das Bekenntnis zu einer bestimmten Staatsform ,von entscheidender Bedeutung wäre, sondern weil sein Werk von einer verpflichtenden nationalen Verantwortung erfüllt ist; es ist ethisch, nicht im Sinne einer bestimmten Morallehre, sondern im Vertrauen auf die im Menschen schlummernden sittlichen Werte. Die Sehnsucht nach der Totalität des Daseins, die Bejahung der ewigen Ordnung der Welt, der Glaube an die Unzerstörbarkeit des Lebens schlechthin haben Shakespeare zu einem übernationalen und überzeitlichen Dichter gemacht. Shakespeare ist einer der echtesten und innerlichsten Menschen gewesen, und das hat ihm die Kraft gegeben, auch den Problemen der Welt bis zum letzten nachzugehen und sie bis an ihr Ende zu durchdenken. „Er sah durch die zufälligen Unterschiede, die uns trennen, hindurch den gemeinsamen Geist des Menschseins, an dem wir alle teilhaben, und da er in der Lage war, diesem Geist besser als irgendein anderer Dichter vor oder nach seiner Zeit Ausdruck zu verleihen, gehört er nun der Welt und kann niemals von irgendeiner besonderen Nation, nicht einmal von seiner eigenen, für sich in Anspruch genommen werden" (J. Dover Wilson in einem Vortrag in Berlin am 16. Okt. 1953 über Shakespeares Humanität).

Shakespeares Ethik hat den Charakter der Milde und ist stets auch zum Verstehen der Schwächen bereit. Seine Heimatliebe äußert sich in der stillen Art des Sichzurückziehens in die liebliche Landschaft und in der für England so bezeichnenden Freude am Garten, die sich von „Romeo and Juliet" bis „The Winter's Tale" nachweisen läßt. Und hinter allem Grüblerischen und Kämpfertum steht immer wieder das Bekenntnis zum 'merry England', das als ewige Haltung des englischen Menschen durch die Jahrhunderte zu verfolgen ist.

So sehen wir Shakespeare, den Engländer des 16. Jahrhunderts, dessen Werk aber die Grenzen seines Volkes und seiner Zeit weit überschritten hat.

Literatur:

L. L. Schücking, Shakespeare im literarischen Urteil seiner Zeit (Heidelberg 1908).

A. Quiller-Couch, Shakespeare's Workmanship (London 1918, 1924, 1927; Cambridge UP., 1951).

Helene Richter, Shakespeare der Mensch (Leipzig, Tauchnitz, 1922).

Helene Richter, Shakespeares Gestalten (Marburg, Elwert, 1930).

L. L. Schücking, Die Charakterprobleme bei Shakespeare (Leipzig, Tauchnitz, 1919, 1927, 1941[3]).
Cumberland Clark, Shakespeare and National Character (Birmingham 1932).
Cumberland Clark, Shakespeare and Home Life (London, Williams & Norgate, 1935).
Ed. Castle, Shakespeare und seine Truppe (in: „Shakespeare-Jahrbuch", Bd. 76, 1940).
Paul V. Kreider, Repetition in Shakespeare's Plays (Princeton UP., 1941).
O. J. Campbell, Shakespeare's Satire (London 1943).
Louis Cazamian, L'Humour de Shakespeare (Paris 1945).
John Palmer, Political Characters of Shakespeare (London 1945).
E. A. Armstrong, Shakespeare's Imagination: A Study of the Psychology of Association and Inspiration (London 1946).
A. Thaler, Shakespeare and Sir Philip Sidney: The Influence of „The Defense of Poesy" (Harvard Univ. Press, 1947).
J. W. H. Atkins, English Literary Criticism: The Renascence (London, Methuen, 1947).
D. A. Stauffer, Shakespeare's World of Images: The Development of his Moral Ideas (New York, Norton, 1949).
J. I. M. Stewart, Character and Motive in Shakespeare (New York 1949).
G. B. Harrison, England in Shakespeare's Day (London 1949).
A. L. Rowse, The England of Elizabeth: The Structure of Society (London 1950).
Léon Lemonnier, La vie quotidienne en Angleterre au temps d'Elisabeth (Paris 1950).
G. M. Trevelyan, The Age of Shakespeare and the Stuart Period (Oxford, Blackwell, 1950).
Hardin Craig, The Enchanted Glass: The Elizabethan Mind in Literature (Oxford, Blackwell, 1950).
M. C. Bradbrook, Shakespeare and Elizabethan Poetry (London 1951).
A. Sewell, Character and Society in Shakespeare (Oxford UP., 1951).
F. E. Halliday, The Enjoyment of Shakespeare (London, Duckworth, 1952).
V. K. Whitaker, Shakespeare's Use of Learning: An Inquiry into the Growth of his Mind and Art (San Marino, The Huntington Library, 1953).

Drittes Kapitel: Shakespeares Wirkung

Die Größe eines Menschen und seines Werkes offenbart sich erst völlig in der Wirkung auf die folgenden Generationen. Das Bild zwar wandelt sich im Laufe der Zeiten, aus Wirklichkeit wird Legende, einige Züge verblassen, und neue tauchen auf, aber unsterblich ist der Mythos des großen Genius im Gedächtnis der Völker. Auch Shakespeare ist in diesem Sinne in das Bewußtsein der Kulturwelt eingegangen, in immer neuer Gestalt und in stets wachsendem Gehalt. Daher gibt ein Kapitel über sein Nachleben erst die wahre Einsicht in die Wirkungsweite seines Geistes.

a) In England

Zu seinen Lebzeiten war Shakespeare unbestritten einer der erfolgreichsten Dramatiker, und als solcher genoß er auch die Wertschätzung seiner Zeitgenossen, wenn auch kaum jemand seine wirkliche Bedeutung erkannte. Zahllose Anspielungen auf seine Dramen finden sich in den Werken der gleichzeitig lebenden Dichter, und sein Einfluß auf die jüngeren Dramatiker, einen Marston oder einen Munday, ist ohne Zweifel groß. Dennoch ist er zu einer zwingende Kraft nur für Ben Jonson geworden, dessen Shakespearebild die Züge herzlicher Freundschaft, aufrichtiger Bewunderung und ehrlicher Dankbarkeit für mancherlei Anregungen enthält, wie Shakespeare seinerseits sich namentlich in den späteren Jahren von Ben Jonson in nicht geringem Maße beeinflussen ließ (Keller). Was Shakespeare ihm im tiefsten bedeutete, drücken die Verse aus, die er dem Freunde als Epitaph schrieb, und die erstmalig den schöpferischen Geist Shakespeares über die Zeit hinausheben und in die Ewigkeit hineinstellen: 'He was not of an age but for all time'. So schließt diese Epoche mit der Ahnung von der überragenden Bedeutung dieses Dichterlebens.

Allerdings stellt der sich schon mit Ben Jonson anbahnende Klassizismus die Gestalt Shakespeares unter eine andere Gesetzlichkeit. Den neuen Bildungskräften, die von der dichterischen Persönlichkeit ein Sicheinfügen in die strenge Ordnung fester Regeln verlangen, widerstrebt das Lebensgefühl eines Shakespeare; trotzdem aber kommt man von ihm nicht los. Das Shakespeareerlebnis Drydens ist vielleicht die charakteristischste Bekundung für den Versuch, aus dem Geist des Klassizismus heraus auch das überragende Werk des Hamletdichters zu rechtfertigen. Allerdings gelingt dies nur dadurch, daß die gewaltige Schöpferkraft dieses Genius als Ausnahme erklärt wird. Shakespeare wird zu einem alle Regeln brechenden Giganten, der die Vorrechte der Einmaligkeit genießt, der aber nicht Maßstab künstlerischer Ordnung sein kann („Essay on Dramatic Poesie“, 1665). Trotzdem aber spürt man auch in Drydens

Bekenntnis etwas von der Ehrfurcht vor dem Menschen, der 'had the largest and most comprehensive soul'.

Soweit das 17. Jahrhundert sein künstlerisches Gesetz im Pathos des Barocks findet, wird Shakespeare heroisch übersteigert. Seine Dramen werden zu Opern umgearbeitet oder zum mindesten ins Opernhafte ausgeweitet. Die willkürliche Umarbeitung der Werke Shakespeares beginnt mit Sir William D'Avenant (1606—1668) und zieht sich durch die ganze Restaurationsepoche hin. Zwar wird dadurch erreicht, daß der Name des Dichters auf der englischen Bühne unvergessen bleibt, aber der wahre Geist Shakespeares geht völlig verloren. Alles Seelische wird ins Dinghafte veräußerlicht und das Dämonisch-Irrationale zu Zauberspuk und sensationellem Pathos verflacht. Und dennoch begegnet immer wieder die aufrichtige Verehrung des großen Genies. So sehr etwa ein Thomas Otway (1652—85) in seinen Shakespeare-Bearbeitungen sich auch den Theateransprüchen der Zeit anpaßt, aus seinem Wollen spürt man doch eine fast wehmütige Liebe zu dem großen Vorgänger, die in dem Vorwort zu seiner Tragödie „Caius Marius" (1679) sehnsuchtsvollen Ausdruck findet. Sicher ist ferner, daß seine eigenen sowie auch die Dramen Nathaniel Lees (1653?—92) in Form und Gehalt ohne die Begegnung mit Shakespeare nicht denkbar sind.

Erst der Niedergang des Barocktheaters ist mit einer starken Zurückdrängung Shakespeares auf der englischen Bühne verbunden. Die bürgerliche Welt des 18. Jahrhunderts, die in der Tragödie eines George Lillo oder dem Lustspiel eines Richard Brinsley Sheridan alle Leidenschaften dämpft und das Drama in den Dienst einer rational begründeten Moral einspannt, vermag mit Shakespeare nicht viel anzufangen. Auch die Schauspieler der Zeit, selbst ein David Garrick (1717—79), sind trotz großer Leistungen nicht in der Lage, ihn für die Bühne zurückzugewinnen, und so beginnt eine Epoche, in der man sich mit dem großen Stratforder vornehmlich in literarischen Schriften auseinandersetzt. Auf diesem Gebiet kommt es dann allerdings zu entscheidenden Wertungen, die vielleicht weniger aufschlußreich für die Lebenswelt des Shakespeareschen Werkes als wegbereitend für die moderne Shakespearekritik gewesen sind.

Oberstes Gesetz ist natürlich noch lange Zeit die klassizistische Lehre von den Einheiten; dichterisches Können wird namentlich seit der „Short View of Tragedy" (1692) von Thomas Rymer stets mit diesem Maß gemessen; aber der literarische Geschmack hat sich selbst im 18. Jahrhundert nicht gänzlich in das Prokrustesbett dieser Ordnung pressen lassen. Shakespeare wird vielmehr immer mehr zu einem willkommenen Anlaß, die klassizistischen Thesen — wenn auch nicht zu überwinden, so doch in ihrer Ausschließlichkeit anzugreifen. Nicholas Rowe zwar, der Shakespeares Werke 1709 und 1714[2] herausgibt, wirft dem Dichter Mangel an Erziehung vor, da er die Einheiten nicht beachtet habe; aber bereits Addison bekennt sich im „Spectator" (1711/12) zu dem Genialen in Shakespeare, das mehr gelte als alle Regeln. So steht diese ganze Epoche im Zeichen der Kunstkritik um Shakespeare. Pope, der sich in der Vorrede zu seiner Shakespeareausgabe (1725) über den Dramatikar äußert, befindet sich wieder ganz im Banne des Klassizismus, wenn er auch manche Züge an Shakespeare richtiger erkennt als das pathetische Barock. So hat er etwa auf die Dämpfung des Leidenschaftlichen als auf einen wichtigen Wesenszug der Shakespeareschen Dramatik hingewiesen und damit eine Einsicht bezeugt, die der Wirklichkeit in vielem sehr nahekommt. Wenn man weiterhin berücksichtigt, welche Bedeutung das Wort *taste* im 18. Jahrhundert hat, versteht man, daß auch die Ausgaben der Werke Shakespeares in dieser Epoche, sowohl die von Pope selber als auch die von William Warburton (1747), den Wissenschaftscharakter nur wenig betonen, sondern unter Verzicht auf die Klärung von Schwierigkeiten im wesentlichen den ästhetischen Rücksichten des Klassizismus Rechnung tragen. Zwischen beiden steht als rühmliche Ausnahme Lewis Theobald, den man als den ersten Shakespeare-Philologen bezeichnen kann. Seiner Shakespeare-Ausgabe von 1734 in sieben Bänden war als Vorarbeit sein Buch „Shakespeare Restored, or a specimen of the many errors as well committed as left unamended by Mr. Pope" (1726) vorangegangen, von dem etwa zwei Drittel der Textverbesserung des „Hamlet" und ein Anhang von etwa sechzig Seiten den übrigen Dramen Shakespeares gewidmet waren. Der gekränkte Pope machte deswegen Theobald („piddling Tibbald", wie er ihn nannte) in der ersten Ausgabe seiner „Dunciad" (1728) zum Dummkopfkönig.

Dieses Ringen um Shakespeare, das zwischen Ablehnung und Hingabe schwankt, wird besonders deutlich bei Samuel Johnson, der 1765 seine Ausgabe des Dichters unter dem Titel „Plays of William Shakespeare“ der Öffentlichkeit übergibt. Auch er bekennt sich in der Einleitung zu der Bindung an die strenge Form, die so unpersönlich und kalt wirkt; aber immer wieder bricht doch die Anerkennung des Genialen in Shakespeare durch. Aus ihm, dem Kinde der Natur, glühe die mächtige Leidenschaft, die nicht in Fesseln geschlagen werden dürfe, und wenn Johnson die Mischung von Komödie und Tragödie verteidigt, findet er Worte, die Wertungen der Romantik vorwegnehmen. Ein Joshua Reynolds (1723—92), der große Porträtmaler, stellt sich mit seinen literarischen Bemerkungen auf die Seite Johnsons; andere wieder wie Richard Hurd (1720—1808), der stark von Horaz beeinflußt ist, urteilt ähnlich wie Oliver Goldsmith (1730—74) ganz klassizistisch, bis das Erwachen der Gotik in der Frühromantik eine völlig neue Schau ermöglicht.

Die wegbereitende Arbeit eines Edmund Malone, der 1790 die Werke Shakespeares herausgibt, bedeutet die literarkritische Überwindung des 18. Jahrhunderts, der bald die künstlerische folgt. Malones besonderes Verdienst waren seine gründliche Kenntnis der elisabethanischen Epoche und seine Forschungen zur Chronologie der Dramen Shakespeares. Was die Romantiker für Shakespeare geleistet haben, kann man nur würdigen, wenn man es im Rahmen der romantischen Wertwelt sieht und in Einklang mit dem großen Streben nach Ganzheit bringt, dem Jasagen zu allem Unergründlichen und der Bereitschaft, Ausnahmeschicksale nicht nur gelten zu lassen, sondern als die höchste Verwirklichung des Daseins zu begreifen. Unter dem Einfluß von August Wilhelm Schlegel hat namentlich Coleridge in seinen Shakespeare-Vorlesungen von 1811 und 1812 den Verfasser des „Hamlet“ aus dem neuen romantischen All-einheitsbewußtsein heraus gedeutet. Shakespeare ist für ihn der Künstler, der, da er die Totalität in sich trägt, auch in der Lage ist, sie aus den Tiefen seines Seins heraus zu gestalten. So prägt Coleridge das entscheidende Wort: ‘Shakespeare, in composing, had no I, but the I representative’. Damit hat er ein neues Shakespearebild geformt und erstmalig in England den Dichter als wirklich befruchtende seelische Macht erkannt. Man könnte fast alle Romantiker aufzählen von

Wordsworth bis zu Shelley; sie alle haben sich um die Deutung Shakespeares bemüht, wenn auch keiner den Tiefenblick eines Coleridge bewiesen hat.

Die englische Bühne des 19. Jahrhunderts hat von der romantischen Umwertung Shakespeares einen entscheidenden Antrieb erfahren. Man verlangt nach der Knebelung durch den Klassizismus nun auch auf dem Theater wieder den echten Shakespeare. Allerdings ist der Weg zu ihm zurück weit und mühevoll. Die Schauspielerbrüder John Philipp Kemble (1757—1823) und Charles Kemble (1755 bis 1854) machen nur erst tastende Versuche, mit der Überlieferung zu brechen. Auch die Bühnengestaltung bietet zwar Ansätze zu Neuem, bedeutet aber, aufs Ganze gesehen, noch keine Wende. Erst William Charles Macready (1793—1873) mit seiner Gestaltung Richards II. vom Jahre 1819 darf das Verdienst für sich in Anspruch nehmen, eine neue Epoche der Shakespeare-Darstellung auf der englischen Bühne im Sinne der völligen Hingabe an das Werk und seinen Sinngehalt eingeleitet zu haben. Auch als Spielleiter hat dieser Direktor von Covent Garden und Drury Lane, von tiefer Ehrfurcht vor dem großen Dramatiker beseelt, die klassizistische Willkür überwunden und den echten Shakespeare auf die Bühne gebracht. Von den Tragödinnen ist es vornehmlich Mrs. Siddons (1755—1831), „wahrscheinlich die größte Lady Macbeth aller Zeiten" (Stahl), die die alten Maßstäbe zerbricht und dem Begriff des Tragischen bei Shakespeare eine neue Bedeutung gibt.

Gleichzeitig mit dieser Zurückgewinnung Shakespeares für die Bühne unter dem Einfluß der Romantik setzt im 19. Jahrhundert ein starkes wissenschaftliches Bemühen um das Verstehen des englischen Dramatikers ein. Die im Jahre 1841 gegründete Shakespeare Society hat die Aufgabe, Shakespeares Werk und das seiner Zeit neu zu durchforschen, aber sie sowie die New Shakespeare Society der 70er Jahre hat sich auf die Dauer nicht recht durchsetzen können. Die von den Romantikern angebahnte Wiedererweckung des Dichters als des großen nationalen Heros der englischen Literatur geht vielmehr zur Zeit des Viktorianismus immer stärker verloren. Gewiß hat es auch weiter bedeutsame Schauspieler gegeben: einen Henry Irving (1838 bis 1905) oder eine Ellen Terry (1848—1928), aber es fehlt das Verständnis für ihre Kunst in der Öffentlichkeit.

Verstärkend wirkte auf diese Entwicklung die Bacon-Theorie, die ein typisches Erzeugnis des positivistischen 19. Jahrhunderts ist, aber auch heute immer noch Anhänger findet. Hinter dem leidenden, kämpfenden und überwindenden Dichter verberge sich Francis Bacon (1561—1626), der Staatsmann und Philosoph der Renaissance: so wurde zum ersten Male von Miss Dehlia Bacon, einer Trägerin des Namens, 1856 in einer amerikanischen Zeitschrift verkündet und diese These ist seitdem immer wieder aufgegriffen worden. Der Verfasser der Dramen, der eine so ungewöhnliche Kenntnis der verschiedenartigsten Dinge gehabt habe, könne eben nicht ein Mann aus dem Bürgertum mit so geringer Schulbildung wie Shakespeare sein, sondern dieses Werk setze das Wissen eines Bacon voraus. Längst ist die Theorie der Amerikanerin, die im Irrenhaus endete, widerlegt worden, aber die Argumente werden immer wieder vorgebracht. Man hat mit Geheimschriften gearbeitet und in dem vielumstrittenen Northumberland Manuscript aus dem Jahre 1597 (aufgefunden 1867), einem Aktenbündel mit Werken von Bacon, Nashe und Shakespeare, auf dem Gekritzel der Umschlagseite neben dem Namen Bacons auch den Shakespeares entdeckt und daraus Schlüsse auf die Baconsche Urheberschaft der Dramen ziehen wollen. Die Unhaltbarkeit der Bacon-These bedarf keines Beweises, schon allein aus der Überlegung heraus, daß ein Gelehrter und Staatsmann wie Bacon, der dem Theater völlig fremd und ablehnend gegenüberstand, in seiner ganzen Denkwelt so völlig anders ist als der erfahrene Schauspieler Shakespeare. Auch die törichten Versuche, den 17. Grafen von Oxford, Edward de Vere, oder den 6. Grafen von Derby, William Stanley, für die Verfasserschaft der Dramen in Anspruch zu nehmen, sind über leere Konstruktionen nicht hinausgekommen. Man pilgert auch weiterhin nach Stratford on Avon, dem Geburtsort des Dichters, um dort den großen Sohn des Landes zu ehren. Die Gründung des Shakespeare-Theaters von 1879, das nach dem Brande von 1926 als Shakespeare Memorial Theatre im Jahre 1932 neu errichtet wurde, legt Zeugnis von festvoller Begeisterung für Shakespeare ab. Die Shakespeare-Festivals in Stratford, die jeweils im April und Mai stattfinden, und zu deren Begründer mehr oder weniger zufällig der große englische Schauspieler David Garrick im Jahre 1769 wurde (vgl. „Shakespeare-Jahrbuch" 1953, S. 207), haben für England eine ähnliche Bedeutung wie die Salzburger Festspiele für Deutschland. Im Herbst 1951 ist unter der Leitung der bedeutenden englischen Gelehrten A. Nicoll und Ch. J. Sisson in der Shakespeare-Stadt ein Forschungsinstitut eingerichtet worden "for the encouragement and promotion of advanced study and research devoted to Shakespeare".

In neuerer Zeit hat man sich auch in England an die Wiedergabe Shakespearescher Stücke im Film gewagt, der über technische Möglichkeiten verfügt, welche die Bühne nicht besitzt. Als großzügiger historischer Ausstattungsfilm erschien 1934 „Henry VIII" mit Charles Laughton in der Titelrolle; darauf folgte die Verfilmung von „As you like it", in der die aus Deutschland emigrierte Elisabeth Bergner die Hauptrolle spielte, und nach dem zweiten Weltkrieg der erfolgreiche Farbfilm „Henry V", ein technisches Meisterwerk, dessen Hauptdarsteller und Regisseur Laurence Olivier war. Einen weltweiten Erfolg errang Sir Laurence Oliviers Hamlet-Verfilmung, die 1948 in Venedig als bester Film preisgekrönt wurde. Dieser Film mit Olivier in der Hauptrolle wurde als erster englischer Film über ein Jahr lang hintereinander im Park Avenue Theater in New York begeistert vom amerikanischen Publikum aufgenommen und fand auch in Deutschland in deutscher Synchronisation, die aber nicht die Schönheit der Sprache Oliviers erreichte, freudige, wenn auch zum Teil kritische Aufnahme. Als „Versuch über das Thema Hamlet" wollte ihn Olivier selbst betrachtet wissen, denn er habe vor der Schwierigkeit gestanden, aus einem Theaterstück von viereinhalb Stunden Spieldauer einen Film von zweieinhalb zu machen. Dabei sind die Rollen der Rosencrantz, Guildenstern und Fortinbras ganz gestrichen worden. An dem Text wurde bis auf die unvermeidlichen Kürzungen nur wenig geändert. Der schnelle Wechsel der Schauplätze und die Bewegtheit der offenen Szene im Hamletdrama, die dem Theater oft Schwierigkeiten bereiten, erwiesen sich bei der Verfilmung als besonders wirkungsvoll.

Literatur:

A. Lefranc, Sous le masque de „William Shakespeare" [Shakespeare = William Stanley] (2 vols., Paris 1919).

J. S. Smart, Shakespeare: Truth and Tradition (London 1928).

D. N. Smith, Shakespeare in the Eighteenth Century (Oxford, Clarendon, 1928).

Anne Bradby, Shakespeare Criticism 1919—1935. In: „The World's Classics" (Oxford UP., 1936).

W. Keller, Ben Jonson und Shakespeare (in: „Shakespeare-Jahrbuch", Bd. 73, 1937).

M. W. Black and M. A. Shaaber, Shakespeare's Seventeenth Century Editors („Modern Language Association of America", New York 1937).

E. L. Stahl, Shakespeare-Gestaltung auf dem englischen Theater im 19 Jh. (in: „Shakespeare-Jahrbuch", Bd. 74, 1938).

C. Oelschläger, Shakespeare-Bacon-Denkmale (1938).

I. Thurmann, Shakespeare im Film (in: „Shakespeare-Jahrbuch", Bd 76, 1940).

Alan Dent, Hamlet: The Film and the Play (World Film Publ., London 1948).

Brenda Cross, The Film Hamlet: a Record of its Production (London, Saturn Pr., 1948).

G. E. Bentley, Shakespeare and Jonson (2 vols., London 1945).

J. Th. Looney, Shakespeare identified in Edward de Vere, Seventeenth Earl of Oxford (London 1920; neu erschienen in New York 1949). — Vgl. dazu K. Brunners Gegenargumente im „Shakespeare-Jahrbuch" 1952, S. 211—213.

Bernard M. Wagner, The Appreciation of Shakespeare. A Collection of Criticism — Philosophic, Literary and Esthetic — by Great Writers and Scholar-Critics of the Eighteenth, Nineteenth and Twentieth Centuries (Washington, Georgetown UP., 1949).

K. Muir, Fifty Years of Shakespearian Criticism: 1900—1950 (in: „Shakespeare Survey", ed. by A. Nicoll, vol. 4, pp. 1—25, Cambridge UP., 1951).

Moderne Gesamtausgaben der Werke Shakespeares:

W. G. Clark and W. A. Wright, The Works of William Shakespeare, London 1864 und danach viele Neuauflagen = *The Globe Edition* (nach der heute gewöhnlich zitiert wird).

I. Gollancz, The Works of William Shakespeare, London 1894 bis 1922 (40 vols.) = *The Temple Shakespeare.*

William Shakespeare: The Complete Works. Cambridge Edition Text, as edited by W. A. Wright, including the Temple Notes. Illustrated by Rockwell Kent, Preface by Christopher Morley. New York, Garden City Publ. Co. (De Lux Edition), 1940.

W. J. Craig and R. H. Case, *The Arden Shakespeare,* London 1899 bis 1924 (39 vols.). — Neuausgabe in revidierter Form unter der Leitung von U. Ellis-Fermor im Erscheinen begriffen; bisher sind drei Bände erschienen: King Lear (ed. by K. Muir

1952), Love's Labour's Lost (ed. by R. David 1951), Macbeth (ed. by K. Muir 1951).

W. J. Craig, The Complete Works of Shakespeare, with a Glossary, Oxford 1904 = *The Oxford Shakespeare.* Neuausgabe der „Comedies" erschien 1952, der „Histories and Poems" 1949, der „Tragedies" 1948.

A. Quiller-Couch and J. Dover Wilson, The Works of Shakespeare, Cambridge University Press seit 1921 = *The New (Cambridge) Shakespeare.*

Gute und preiswerte einbändige Shakespeare-Ausgaben sind die englische Oxford-Edition von W. J. Craig (zuletzt 1952) und die amerikanische Cambridge-Edition von W. A. Neilson (mit verbessertem Abdruck in der weitverbreiteten Tudor-Edition). Die zur Zeit beste einbändige Shakespeare-Ausgabe in schöner Ausstattung und zu erschwinglichem Preis stammt von dem hervorragenden Glasgower Shakespeare-Forscher Peter Alexander: William Shakespeare, The Complete Works, A New Edition with an Introduction and Glossary, London & Glasgow, Collins, 1951, 15 s.).

b) Außerhalb Englands

Die geheimnisvolle Kraft des Genies besteht in der Weite und Intensität seiner Wirkung und Befruchtung; beides ist gerade bei Shakespeare von unerhörtem Ausmaße. Bei der Berührung seines Werkes mit den fremden Kulturen läßt sich nun überall jene arteigene Umformung beobachten, die ein solches Zusammentreffen erst eigentlich bedeutsam macht. Es würde von großem Reize sein, diesem Eindringen Shakespeares in andere Kulturräume im einzelnen nachzugehen, denn die dabei zu beobachtende Art der inneren Aneignung gäbe gleichzeitig mancherlei Aufschluß über das Wesen der in Frage kommenden Kultur und seiner volkhaften Grundlage. Hier sei nur skizzenhaft auf das ganze Problem hingewiesen. Frankreichs Shakespearebild ist in der Hauptsache durch Voltaire und seine Abwehr eines nicht in das Vernunftschema passenden Dichters bestimmt. Obwohl im Laufe der Zeit manches an dieser Haltung korrigiert worden ist, gilt grundlegend doch bis heute, daß Frankreich für den germanischen Dichter kein rechtes Organ besitzt. Dem ausgeprägten Sinn der Romanen für Form, Ebenmaß und Einheit stehen Shakespeares urwüchsige Kraft, Tiefe der Empfindung und ungebändigter Formwillen gegenüber. Das Problem Shakespeare in Spanien ist dadurch gekennzeichnet, daß — soweit das

Land unter dem beherrschenden Einfluß des französischen Klassizismus stand — eine Annäherung an Shakespeares Lebenswelt stark erschwert wurde, daß sich aber seit der Erkenntnis der nationalen Eigenart, namentlich seit der Romantik, eine starke Entwicklung zu Shakespeare hin feststellen läßt, was auch in Italien der Fall ist.

Ähnliches gilt auch für andere Länder Europas, die im 18. Jahrhundert in die Einflußsphäre des französischen Geschmacks gerieten. Nur langsam und nicht ohne Rückschläge konnte diese durchbrochen werden. Das zeigt das Beispiel Hollands, wo bis etwa 1840 die französische Kultur maßgebende Geltung hatte. Mit ihrer Überwindung beginnt auch dort der Siegeszug Shakespeares. Namentlich der „Hamlet" ist es, um dessen Deutung immer wieder gerungen wird. Er hat auch englischen Schauspielern im Sommer 1939 ein herzliches Willkommen in Dänemark verschafft, als sie dieses Drama an der Urstätte seiner Handlung, in Helsingör, aufführten und damit die durch Übersetzungen und zahlreiche Vorstellungen bereits vorhandene Aufnahmebereitschaft für den englischen Dichter steigerten. Das eigentliche Verständnis für die einzigartige dichterische Größe Shakespeares und die Ebenbürtigkeit seines Dramas mit dem der Antike wurde den skandinavischen Völkern, den Dänen, Norwegern, Isländern und Schweden erst durch Deutschland erschlossen, hauptsächlich in der Zeit von 1760 bis 1860, wo die geistige Einwirkung Deutschlands auf Skandinavien besonders groß war.

Aber auch in Rußland (erste Hamletaufführung 1748; vgl. ferner namentlich das Interesse Katharinas II. und später Puschkins [1799—1837], Lermontows [1814—1841] und Turgenjews [1818—1883]) und in den anderen slavischen Ländern, in Ungarn (Gründung einer Shakespeare-Gesellschaft im Jahre 1860), in der Türkei, in Persien, China, Südafrika (Afrikaans), Israel (Hebräisch) und vielen anderen Teilen der Welt ist durch Übersetzungen und Aufführungen des Dramatikers Werk lebendig geworden. Eine Reihe von Stücken Shakespeares wurde in 27 Sprachen der in den Sowjetischen Republiken lebenden Völker übersetzt und erfreut sich dort häufiger Aufführungen. „Shakespeare wird auf den Bühnen des heutigen Rußlands mit derselben Liebe und demselben, ja vielleicht noch größerem Eifer gepflegt wie zu Anfang des Jahrhunderts;

gewisse Extravaganzen neuerungssüchtiger Regisseure, wie sie in Revolutionszeiten unvermeidlich sind und auch bei uns zu beobachten waren (Hamlet im Frack, Petruchio auf dem Motorrad), sind heute überwunden zugunsten einer werk- und stiltreuen Darstellungsweise, und das gleiche ist auch von den neuen Shakespeare-Übersetzungen zu sagen, denen vor allem das erfolgreiche Bemühen um wörtliche Treue in Verbindung mit sprachlicher Schönheit nachgerühmt wird" (A. Luther im „Shakespeare-Jahrbuch", Heidelberg 1950, S. 228). — "Sufficient is it to underline the fact that since 1939 the U.S.S.R. has had its own annual Shakespeare Conference, at the last meeting of which the very distinguished poet, Boris Pasternak, read from his recently completed rendering of Henry IV, and that hardly any other dramatist than Shakespeare has proved so popular on the boards of Russia's hundreds of theatres" („Shakespeare Survey", ed. by A. Nicoll, vol. I, p. 114, Cambridge UP., 1948). Von Shakespeares unvergänglicher geistiger Macht und seelischer Wirkung legte auch das eindrucksvolle polnische Shakespeare-Festival 'Konkurs Szekspirowski' Zeugnis ab, das im Sommer 1947 dreiundzwanzig polnische Theater inmitten der Ruinen Warschaus mit großem Erfolg durchführten.

Weit über den europäischen Kontinent hinaus ist Shakespeares Ruhm gedrungen. 1795 erscheint die erste amerikanische Shakespeareausgabe, der bald eine Reihe anderer folgte, darunter die Furness New Variorum Edition (erster Band 1871), die als die bedeutendste Shakespeareausgabe überhaupt bezeichnet werden muß und alle bekannten Varianten der Shakespearetexte nebeneinander enthält. Aus Amerika stammt auch der Tudor Shakespeare in vierzig Bänden, New York und London 1911—1913 (hrsg. von W. A. Neilson und A. H. Thorndike in Zusammenarbeit mit zahlreichen anderen Gelehrten), der zwar nicht den wissenschaftlichen Wert der großen New Variorum Edition besitzt, aber doch wie der von W. L. Cross und Tucker Brooke zusammen mit vielen anderen Gelehrten in New Haven und Oxford UP. seit 1917 veröffentlichte Yale Shakespeare für die starke Anteilnahme gerade Amerikas an dem englischen Dramatiker Zeugnis ablegt. Heute wird am häufigsten die wissenschaftliche Shakespeareausgabe von G. L. Kittredge (Boston, Ginn, 1936) in

Amerika benutzt. Der Kittredge Shakespeare erscheint seit 1939 in Einzelbänden mit ausführlichem Kommentar. Auch gute und preiswerte volkstümliche Shakespeareausgaben erscheinen dauernd neu. In Washington ist ein ganzes Haus ausschließlich dem Andenken William Shakespeares gewidmet mit der Folger Shakespeare Library, der bei weitem größten und wundervollst ausgestatteten Shakespearebibliothek der Welt, einem Museum, in dem sich u. a. das Original des Droeshout-Portraits Shakespeares befindet, und dem Anbau eines Theaters genau im Stil der Shakespearezeit (vgl. „Shakespeare Survey", ed. by A. Nicoll, vol. I, pp. 57—78, Cambridge UP., 1948, mit Abbildungen). Dadurch wird vieles wiedergutgemacht, was durch die ebenfalls von Amerika ausgehende Bacon-Hypothese an dem Namen Shakespeares verschuldet worden ist.

Schon früh versuchte man in Amerika, beliebte Stücke Shakespeares im Film zu zeigen. Der „Sommernachtstraum" steht hier wohl wegen seiner filmischen Möglichkeiten, einen richtigen Zauberwald mit allen möglichen Geistern vorzuführen, am Anfang. Bereits 1905 zeigte man dieses Zaubermärchen in Amerika auf der Leinwand. 1928 wurde der „Sommernachtstraum" erneut in Amerika als stummer Film herausgebracht, 1935 als Tonfilm unter der Regie Max Reinhardts in Hollywood. 1929 wurde in New York „Der Widerspenstigen Zähmung" als Tonfilm mit Mary Pickford und Douglas Fairbanks aufgeführt, dem bereits 1933 eine neue Verfilmung folgte. Die bedeutendste amerikanische Verfilmung eines Shakespearestückes war „Romeo und Julia" mit Norma Shearer und Leslie Howard in den Titelrollen. Nach jahrelanger Vorarbeit wurde der Film 1936 ein großer Erfolg, der „als erster als ‚Konkurrenz' zur Shakespearebühne ernst zu nehmen ist" (Thurmann). Oberster Grundsatz des öffentlich im Druck erschienenen Drehbuches ist, der Auffassung Shakespeares treu zu bleiben, so daß nur Kleinigkeiten gegenüber dem Original geändert worden sind. Szenen, die auf der Bühne nur angedeutet oder erzählt werden können, werden im Film unmittelbar gezeigt.

Literatur:

J. R. Robertson, Shakespeare on the Continent (in der „Cambridge History of English Literature", vol. V, 1910).

P. van Tieghem, La découverte de Shakespeare sur le continent (Paris, Sfelt, 1948).
„Shakespeare Survey" (ed. by A. Nicoll, Cambridge UP., 1948 bis 1953, 6 vols.) gibt jährlich unter „International News (Notes)" Berichte über Shakespeares Wirkung außerhalb Englands.
E. L. Stahl, Shakespeare in Europa nach dem zweiten Weltkrieg (in: „Shakespeare-Jahrbuch" 1948).
D. Eisner, Sieben Jahre Shakespeare in Österreich 1945—1951 (in: „Shakespeare-Jahrbuch" 1952, S. 180—197).
Th. R. Lounsbury, Shakespeare and Voltaire (London 1902).
H. Fluchère, Shakespeare in France 1900—1948 (in: „Shakespeare Survey", ed. by A. Nicoll, vol. 2, pp. 115—125, Cambridge UP., 1949).
Alfonso Par, Shakespeare en la Literatura Espanola (2 Bde., Madrid 1935).
Henry Thomas, Shakespeare in Spain (in: „The Proceedings of the British Academy", vol. XXXV, London, Cumberlege, 1949).
Mario Praz, English Studies in Italy (in: „English Studies", vol. VIII, 1926).
A. M. Crinò, Le Traduzioni di Shakespeare in Italia nel Settecento (Roma 1950).
R. Pennink, Nederland en Shakespeare (Amsterdam, Nijhoff, 1936).
J. Decroos, Deutschlands Einfluß auf die Shakespeare-Pflege im niederländischen Sprachgebiet (in: „Shakespeare-Jahrbuch" 1952, S. 116—157).
Paul V. Rubow, Shakespeare pas dansk (København 1932).
L. Magon, Deutschland, Shakespeare und der Norden (in: „Shakespeare-Jahrbuch", Bd. 82/83, 1948).
Alf Henriques, Shakespeare and Denmark 1900—1949 (in: „Shakespeare Survey", vol. 3, pp. 107—115, Cambridge 1950).
M. Pokrowskij, Puschkin und Shakespeare (in: „Shakespeare-Jahrbuch", Bd. 43, 1907).
R. Gebhard, Iwan Turgenjew in seinen Beziehungen zu Shakespeare (in: „Shakespeare-Jahrbuch", Bd. 45, 1909).
A. Hirondelle, Shakespeare en Russie (Paris 1912).
E. Friedrichs, Shakespeare in Rußland (in: „Englische Studien", Bd. 50, 1916).
Janko Lavrin, Pushkin and Russian Literature (New York, Macmillan, 1948; pp. 140—160: Puschkin und Shakespeare).
Arthur Luther, Moskaus erster Hamlet (in: „Shakespeare-Jahrbuch", Bd. 82/3, 1948).
A. Luther, Shakespeare in Rußland (in: „Shakespeare-Jahrbuch", Bd. 84/86, 1950).
M. M. Morozov, Shakespeare on the Soviet Stage, translated by D. Magarshak, with an Introduction by J. Dover Wilson London: „Soviet News", 1947)

M. M. Morozov, Shakespeare in the U.S.S.R. (in: „Shakespeare Survey", ed. by A. Nicoll, vol. 4, 1951, pp. 125—126, vol. 5, 1952, pp. 117—118, vol. 6, 1953, pp. 124—125, Cambridge UP.).

T. A. Wolff, Shakespeare's Influence on Pushkin's Dramatic Work (in: „Shakespeare Survey", vol. 5, pp. 93—105, Cambridge 1952).

C. Bryner, Shakespeare among the Slavs (in: „The Journal of English Literary History", vol. 8, 1941).

J. Calina (= Mrs. A. Nicoll), Shakespeare in Poland (Oxford UP., 1923).

V. Popovič, Shakespeare in Serbia (London 1928).

V Popovič, Shakespeare in Post-War Yugoslavia (in: „Shakespeare Survey", vol. 4, pp. 117—122, Cambridge 1951).

J Šimko, Shakespeare in Slovakia (in: „Shakespeare Survey", vol. 4, pp. 109—116, Cambridge 1951).

E. C. Dunn, Shakespeare in America (New York, Macmillan, 1939).

Julius Bab, Shakespeare in Amerika (in: „Shakespeare-Jahrbuch", Bd. 82/83, 1948).

Chang Chen-Hsien, Shakespeare in China (in: „Shakespeare Survey", vol. 6, pp. 112—116, Cambridge 1953).

Neue Shakespeare-Übersetzungen:

(Zu den älteren Übersetzungen vgl. Ebisch-Schücking, A Shakespeare Bibliography, Oxford 1931.)

[frz.] William Shakespeare. Nouvelle traduction française avec remarques et notes par Pierre Messiaen. Vol. I: Les Comédies (zuerst 1939), Vol. II: Les Tragédies (zuerst 1941), Vol. III: Les Drames Historiques et les Poèmes Lyriques. Paris-Bruges, Desclée, de Brouwer, 1948).

[span.] William Shakespeare. Obras completas. — Estudio preliminar, traducción y notas por Luis Astrana Marín. — Primera versión integra del inglés. Unica edición completa en lengua castellana. Madrid, Edit. M. Aguilar, 1943.

[ital.] William Shakespeare. Shakespeare Teatro. Sotto la direzione di Mario Praz. Vol. 1—3. Firenze, Sansoni, 1943—1947. Eine neue vollständige Shakespeare-Übersetzung.

[holl.] William Shakespeare. De complete werken, in de vertaling van L. A. J. Burgersdijk, bewerkt en van een inleiding voorzien door F. de Backer en G. A. Dudok. Leiden, Lijthoff, 1941.

[dän.] William Shakespeare. Shakespeares Dramatiske Værker oversat og kommenteret af V. Østerberg. København, J. H. Schultz Forlag (1888—1945). — Vgl. zu den dän. Übersetzungen L. Magon, Shakespeare-Jahrbuch Bd. 82/83, 1948, S. 213—215 und Alf Henriques, Shakespeare Survey, vol. 3, 1950, pp. 111—112.

[norw.] William Shakespeare. Dramatiske verker. I norsk oversettelse ved Carl Burchardt. Innledninger og oplysninger til teksten ved A. Trampe Bødtker Oslo, Aschehoug, 1942.

[russ.] William Shakespeare. The Complete Works ed. by A. A. Smirnow. 8 vols., Leningrad, State Literature Publishing House („Goslitizdat"), 1950.

One-volume Edition in Folio of Selected. Works of Shakespeare ed. by M. P. Alexejew and A. A. Smirnow — Vgl. M. Morosow, Shakespeare in the U.S.S.R. (in: „Shakespeare Survey", ed. by A. Nicoll, vol. 4, p. 125, and vol. 5, p. 117, Cambridge UP., 1951 und 1952).

Die erste vollständige russische Shakespeare-Übersetzung, an der elf Autoren mitwirkten, erschien 1865 von Nekrasow und Gerbel; auf sie folgte 1893 die von P. A. Kanshin.

[ungar.] Über die Herausgabe einer neuen ungarischen Übersetzung des Gesamtwerkes Shakespeares in vier stattlichen Bänden mit Einführungen und Anmerkungen von L. Orszagh (Prof. des Englischen an der Univ. Debreczen) im Jahre 1948 vgl. S. Ullmann, Hungary: A New Collected Shakespeare (in: „Shakespeare Survey", vol. 3, p. 117). Ihr Titel lautet: Összes dramai müvei. Budapest, Franklin-Tarsulat Kiadasa, 1948.

Shakespeare-Wörterbücher:

John Bartlett, A New and Complete Concordance to Words, Phrases and Passages in the Dramatic Works of Shakespeare, with a Supplement Concordance to the Poems (London 1906).

Alexander Schmidt, Shakespeare-Lexicon. 3. Aufl. hsg. von G. Sarrazin (2 Bde., Berlin 1902).

John Foster, A Shakespeare Word-Book (London 1908).

R. J. Cunliffe, A New Shakespearean Dictionary (London 1910). "A useful shorter dictionary of obsolete expressions" (Ebisch-Schücking).

Leon Kellner, Shakespeare-Wörterbuch (Leipzig 1922).

C. T. Onions, A Shakespeare Glossary (Oxford 1911, 1922, 1951). "Explanations of the more difficult words" (Ebisch-Schücking)

c) In Deutschland

Als gegen Ende des 16. Jahrhunderts die englischen Komödiantentruppen nach Deutschland kamen, brachten sie einen in vieler Beziehung zersetzten und verstümmelten Shakespeare mit herüber. Eine an der Klassik ausgerichtete Kunstbetrachtung hat an dieser ersten Begegnung des englischen Dramatikers mit Deutschland nur das Primitive und Grobe hervorgehoben; aber man darf doch nicht übersehen, daß nur eine Kunst, die sich vom erstarrten Hoftheater ebenso fernhielt wie vom trockenen lateinischen Schuldrama der Reformationszeit, jene lebendige

Berührung Shakespeares mit dem deutschen Geist ermöglichte, die seitdem nicht wieder verlorengegangen ist. Die mit dieser Vergröberung durch die Wandertruppen Hand in Hand gehende Moralisierung der Dramen Shakespeares („King Lear" soll dartun, wie der Ungehorsam der Kinder gegen die Eltern bestraft wird, oder „Hamlet" bekommt den bezeichnenden Titel: „Der bestrafte Brudermord") bedeutet zudem gerade in der alle Sitte auflösenden Zeit des 30jährigen Krieges einen nicht zu unterschätzenden Erziehungsfaktor des deutschen Volkes (Kindermann). Noch bis in die Mitte des 18. Jahrhunderts hinein ist das zunächst von englischen und dann von deutschen Schauspielern getragene Wandertheater die einzige Form des deutschen Shakespeareerlebens. Man wird seine Bedeutung um so höher einschätzen, wenn man berücksichtigt, wie gering die Zahl derer ist, die sich im Aufklärungszeitalter mit Shakespeare auseinandersetzen. Es kommt zwar zu den ersten Übersetzungen, die stark unter dem Einfluß Popes stehen, wie die Übertragung des „Julius Caesar" durch C. Wilhelm von Borcke im Jahre 1741 oder die von „Romeo and Juliet" durch Simon Grynäus (1758), der erstmalig den Blankvers verwendet. Wieland hat das Verdienst, ein Drama Shakespeares zum ersten Male unter dem Namen des Dichters zur Aufführung gebracht zu haben, den „Tempest", der 1761 in Biberach über die Bühne geht. Aber auch hier weht der Geist Popes mit seiner graziösen und gefälligen Art, der dem wirklichen Shakespeare fremd ist. Wenn die großen Tragödien in der Bearbeitung Wielands auf den deutschen Bühnen Erfolg gehabt haben, so erklärt sich das aus der moralischen Tendenz, die man in sie hineingetragen hat. Im übrigen fehlt es in der Aufklärungszeit wie in England auch hier nicht an Angriffen auf die Unregelmäßigkeiten im Bau des Shakespeareschen Dramas. Man denke nur an Gottsched.

Lessings berühmter 17. Literaturbrief des Jahres 1759 mit seiner scharfen Absage an Gottsched und die Franzosen bedeutet den Beginn einer neuen Periode, die bei ihm selber zwar noch nicht zu einer wirklichen Entdeckung Shakespeares führt, wohl aber zu einer neuen Methode in der Betrachtung eines dichterischen Kunstwerks. Sie bahnt den Weg zum Sturm und

Drang, der aus seiner ganzen inneren Dynamik heraus die geistige Grundlage für die Erfassung Shakespeares in Deutschland bietet. Herders Bekenntnis zu dem englischen Dichter, dem „großen Wilden, der wie ein Gott Menschenherzen schafft und sie zur Höllenglut erschüttert", wie er 1764 sagt und in seinem Shakespeareaufsatz (1773 veröffentlicht) vertiefend wiederholt, stellt die restlose Überwindung der aufklärerischen Ästhetik und den erstmaligen Versuch dar, den englischen Dramatiker aus seinen Wurzeln heraus zu begreifen.

Durch Goethe wird die Verbindung Stratford-Frankfurt unter das Gesetz schicksalhafter Verknüpfung gestellt. Sein Weg zu Shakespeare, der mit dem Besuche einer Romeo-Aufführung in der Übersetzung Chr. F. Weises im Jahre 1767 anhebt und zu dem Fest zum Andenken Shakespeares führt, das er unter dem Eindruck der Shakespeare-Feier Garricks in Stratford am 14. Oktober 1771 in seinem väterlichen Hause veranstaltet, bedeutet das Wachwerden zum Erkennen des großen Genies. Seine bei dieser Gelegenheit gehaltene Rede „Zum Schäkespears Tag" ist ein Hymnus auf einen Dichter, der die Welt aus gewaltiger Tragik heraus erlebte: „Shakespeare, mein Freund! Wenn du noch unter uns wärest, ich könnte nirgends leben als mit dir!" (Die sehr geschmackvoll ausgestattete Handschrift dieser Rede wurde am Tage des 75jährigen Jubiläums der Deutschen Shakespeare-Gesellschaft, dem 23. April 1939, den Mitgliedern als Gabe der Goethe-Gesellschaft überreicht.) Nunmehr ist Goethes Verhältnis zu Shakespeare das einer steten inneren Auseinandersetzung, die nicht zu einer bloßen Nachahmung führt, sondern zu der Erkenntnis, in Shakespeares Tragödien „vor den ungeheuren Blättern des Schicksals selbst zu stehen". Seine Deutung Hamlets in „Wilhelm Meister" ist für das ganze 19. Jahrhundert ausschlaggebend geblieben.

Unter dem Einfluß dieser Strömungen und Kräfte hat auch die deutsche Bühne den Weg zu einem neuen Shakespeare gefunden. Allerdings steht der letzten Verwirklichung des dramatischen Wollens auf dem Theater immer noch das Nicht-erfassen-können der tiefen Tragik von seiten des Publikums entgegen. So denkwürdig auch die Hamlet-Aufführung in der Bearbeitung des Theaterdirektors Ludwig Schröder (1744—1816) vom 20. September 1776 in Hamburg ist, die Notwendigkeit eines guten Ausgangs zeigt doch, wie gering letzten Endes noch das Verständnis des Publikums ist. Das eigentlich Bedeutsame dieser Aufführungen — es folgen noch „Othello“, „The Merchant of Venice“ und „King Lear“ — liegt in der Tatsache, daß auf der deutschen Bühne zum ersten Male Schauspieler von Format Shakespeares Gestalten verkörpern. Unter ihnen ist an erster Stelle Johan Franz Brockmann (1745 bis 1812) zu nennen, dessen Hamlet den Typ des Melancholikers für eine lange Zukunft festlegt.

Mit der Romantik wird Shakespeare dem deutschen Volke erst eigentlich geschenkt. „Shakespeare und kein Ende!“ nennt Goethe 1823 einen gegen die Romantiker gerichteten Aufsatz, der die große Wandlung aufzeigt, die sich im Laufe der Jahre vollzogen hat. Als Ludwig Tieck 1794 mit der Übersetzung des „Tempest“ beginnt, geschieht es in der Hauptsache, um den deutschen Menschen für das Poetische in Shakespeare aufgeschlossen zu machen. Damit nimmt er ein Unternehmen in Angriff, das erst im Jahre 1833 zum Abschluß kommt und unter dem Titel „Shakespeares dramatische Werke, übersetzt von August Wilhelm von Schlegel, ergänzt und erläutert von Ludwig Tieck“ (1825—1833 im Auftrage des Verlegers G. Reimer in Berlin) der Öffentlichkeit übergeben wird. Heute ist längst erwiesen, daß auch Graf Wolf Baudissin und Tiecks Tochter Dorothea an der ganzen Arbeit beteiligt gewesen sind, die der Nation den klassischen deutschen Shakespeare gegeben hat. Die Bemühungen der Romantiker haben das Shakespearebild um charakteristische Züge bereichert. Das intuitive Erfassen des Künstlerischen tritt nunmehr neben die bewegte Leidenschaft des Sturms und Drangs und die weltweite Tragik der deutschen Klassik. Es hat namentlich auch die Romanzen und Märchendramen Shakespeares zu einer neuen Wertung geführt und ihrer Verbreitung auf der Bühne die Wege geebnet.

Die romantische Shakespeareauffassung und die vielen von dem englischen Dichter ausgehenden Anregungen auf das poetische Schaffen der Romantiker (Kluckhohn) stehen in starker innerer Wechselbeziehung zu der Shakespearedeutung der deutschen idealistischen Philosophie. Schelling hat in Shakespeare „eine Offenbarung künstlerischer Urkräfte“ (Wundt) gesehen und den Versuch gemacht, sein Werk aus den Wesensformen der Kunst heraus zu verstehen. Ihm schließt sich der Berliner Philosoph Solger an, bis dann Hegel die Abkehr von der Verschwommenheit der romantischen Deutung bringt und wieder klar die Zentralstellung der Charaktere Shakespeares herausarbeitet.

Auch in der weiteren deutschen Literatur- und Geistesgeschichte ist Shakespeare stets eine Größe gewesen, zu der man Stellung genommen hat. Etwas von seinem Geist lebt in den Gestalten eines Kleist von „Robert Guiskard" bis zu „Der Prinz von Homburg", und ein Grillparzer, der in seiner Jugend unter dem Einfluß Schillers gestanden hat, öffnet sich später immer stärker dem Genie des Engländers, ohne sich jedoch als sein Nachahmer zu empfinden. Wie nur wenige deutsche Dichter hat Hebbel mit Shakespeare gerungen, ähnlich wie Grabbe von dem leidenschaftlichen Wunsche beseelt, die Tragödie über sein Vorbild hinauszuführen. Sophokles und Shakespeare verkörpern für ihn die beiden Grundformen dramatischer Möglichkeiten; jener insofern, als sich in seinem Werk der Schicksalsgedanke am ergreifendsten enthüllt, dieser, indem er die großen Charaktere im Kampfe gegen das Schicksal zeigt; dort findet Hebbel das Ideal des griechischen, hier die höchste Form der germanischen Menschen dargestellt. Beide Haltungen zu vereinigen sieht er als seine künstlerische Aufgabe an. Völlig an Shakespeare gebunden fühlt sich ein Otto Ludwig, der seines Vorbildes dramatisches Kunstgesetz bedingungslos übernimmt. Mit Wildenbruchs Kaisertragödien, in denen der Geist von Shakespeares Königsdramen spürbar wird, endet in der Dichtung des 19. Jahrhunderts die unmittelbare Beziehung zu dem großen Dramatiker.

Die hier gegebene Skizze bliebe unvollständig, wollte man übersehen, daß auch das Musikdrama Richard Wagners wenigstens in seinen Anfängen mit durch Shakespeares Werk geformt worden ist. Seitdem der Schüler an einer Verstragödie „Herakles" nach Shakespeareschem Muster arbeitete, ist der Brite neben Beethoven das große Vorbild für Wagner geblieben, und seine frühe Oper „Das Liebesverbot" stellt sich als bewußte Bearbeitung von „Measure for Measure" dar. Auch hinter der Gestaltung des „Rienzi" spürt man noch den mächtigen Atem Shakespearescher Helden, und die erste Beschäftigung mit dem „Fliegenden Holländer“ steht im Zeichen des „Tempest“. Wagner hat ehrfürchtig vor dem Shakespearedenkmal in der Westminster Abbey gestanden, und in seiner Bibliothek haben des Dramatikers Werke einen hervorragenden Platz eingenommen. Immer wieder hat er die Stellung Shakespeares im Drama der Weltliteratur festzulegen gesucht, wie Hebbel in ernstem Ringen mit der griechischen Tragödie.

Schopenhauer, der Philosoph des Pessimismus, der ebenfalls Sophokles und Shakespeare einander gegenüberstellt und sich dann für den englischen Dichter entscheidet, empfindet die gewaltige Tragik bei Shakespeare seiner eigenen verwandt, und Nietzsches Werk von der „Geburt der Tragödie“ bis zu „Ecce Homo“ verrät eine erschütternde Hingabe und Abwehr zugleich, die von einer tiefgehenden Auseinandersetzung mit Shakespeare Zeugnis ablegt.

Auch auf der deutschen Bühne ist Shakespeare in immer steigendem Maße spielplanbeherrschend geworden. Die Schlegel-Tiecksche Übersetzung hat den englischen Dichter fast zu einem deutschen Klassiker werden lassen. Joseph Schreyvogel, der 1814 an das Wiener Burgtheater berufen wurde, und Franz Dingelstädt (1814—1881), der über München und Weimar nach Wien kam, sind die beiden großen Direktoren, die Shakespeares Werken auf der deutschen Bühne Heimatrecht erworben haben, so verschieden im einzelnen ihre Auffassungen auch sein mochten. Hier sei vor allen Dingen auch an die wegweisenden Inszenierungen der Königsdramen gedacht, die bei der Dreijahrhundertfeier von Shakespeares Geburtstag im Jahre 1864 unter der Leitung von Dingelstädt erstmalig als Zyklus auf dem deutschen Theater aufgeführt wurden. Nicht vergessen sei auch die Leistung eines Karl Immermann, der 1835 bis 1838 das Düsseldorfer Theater zu einer Musterbühne umgestaltete, eines Heinrich Laube, der von 1850 bis 1867 Direktor des Burgtheaters in Wien war, und eines Wilhelm Oechelhäuser (1820—1902), des Mitbegründers der Deutschen Shakespeare-Gesellschaft. Stehen hinter Laube und seinem Werk die politischen Erlebnisse der Jahre 1848 und 1866 mit ihren großen Hoffnungen und ebenso bitteren Enttäuschungen für das wachgewordene Bürgertum, so spricht sich in Immermanns Wirken stark der bürgerliche

Geist der Zeit aus, der das Grandiose der Shakespeareschen Welt ins Philiströse abdämpft. Auch Oechelhäuser fehlt in seinen Bearbeitungen jenes Bejahen der großen Leidenschaft, das zum Drama Shakespeares unbedingt gehört. Immer jedoch finden sich auch in dieser bürgerlichen Epoche Schauspieler mit höchstem Können wie etwa Heinrich Anschütz (von 1821 bis 1861 am Burgtheater), der einen Lear aus tiefster Hingabebereitschaft gestaltet, nicht als schwächlichen Greis, sondern als willenszähen Menschen, der allerdings seine Kräfte überschätzt.

Der Geist des 19. Jahrhunderts mit seinem Realismus und Historismus drückt dem Werke der Meininger seinen Stempel auf, die 1874 ihre Tätigkeit beginnen. Ihre Shakespeareinszenierungen mit den historisch treuen Bühnenbildern und Kostümen und dem glänzenden Zusammenspiel aller Künstler münden schließlich in das Ausstattungstheater ein, das lange Zeit für die deutsche Bühne bestimmend gewesen ist.

Mit dem Jahre 1889 und der Eröffnung der ersten Münchener Shakespearebühne beginnt eine neue Epoche, deren Wegbereiter der früh nach Wien gekommene Serbe Jocza Savits (1847—1915) ist. In einer Reihe von Schriften (vgl. namentlich sein nachgelassenes Werk „Shakespeare und die Bühne des Dramas“, 1917) kämpft er gegen die bestehenden Theaterverhältnisse und wirbt für eine Bühne, die an die elisabethanische Zeit anknüpft, fast ohne Kulissen arbeitet, sich aber stärker an die Illusionskraft der Zuschauer wendet. Als Spielleiter in München bleibt Savits jedoch auf halbem Wege stehen, insofern er transparente Hinterwände bei seinem in Vorder- und Hinterbühne geteilten Bühnenaufbau beibehält. Immerhin ist nunmehr ein pausenloses Spiel möglich, das sehr zu einer Konzentration des dramatischen Geschehens beiträgt. Die von Savits beschrittenen Wege werden von Eugen Kilian (1865 bis 1925) auf der am 22. März 1909 eröffneten „Neuen Münchener Shakespearebühne“ folgerichtig zu Ende gegangen, und damit wird ein Bühnenstil geschaffen, der es möglich macht, „Hamlet“ fast ohne Kürzung in 3½ Stunden aufzuführen. In England versucht um dieselbe Zeit Edward Gordon Craig (geb. 1872), eine aus einem ähnlichen architektonisch-monumentalen Gestaltungswillen geschaffene Bühnenreform durchzuführen.

Eine Synthese der verschiedenen Stilelemente wurde von Max Reinhardt angestrebt, dessen Shakespeareinszenierungen im Deutschen Theater zu Berlin Aufsehen erregten („Macbeth" 1916). Unmittelbar nach dem ersten Weltkrieg begann die Zeit des Expressionismus, der nach manchen vielversprechenden neuen Ansätzen bei radikalen Theatererneuerern zu einem übersteigerten Subjektivismus führte. Die an Shakespeares Dramen vor Jahrzehnten durchgeführten eigenwilligen und kühnen Experimente des Intendanten Leopold Jeßner, der Hamlet im Frack auf die Bühne stellte und das Politische der Shakespeareschen Dramen als einen revolutionären Pazifismus deutete, fanden später außerhalb Deutschlands Nachfolge. So spielte im Oktober 1938 das Londoner Westend Theatre „Troilus and Cressida" mit Priamus im Smoking und Pandarus im Schlafanzug und stellte die Trojaner in englischen und die Griechen in deutschen modernen Felduniformen dar. 1940 inszenierte der Amerikaner Orson Welles den „Julius Caesar" im Stil und Kostüm der Gegenwart und brachte bald danach „Macbeth" mit einer Negertruppe heraus. Doch bedürfen Shakespeares Dramen einer solchen Anpassung an den Zeitgeschmack nicht, um wirksam zu sein und vertragen ihn wohl auch nicht bei einem Dichter, der letzten Endes zeitlos ist.

Seitdem Hans Rothe (geb. 1894) in der Streitschrift „Der Kampf um Shakespeare" (Leipzig 1936) seine Neuübertragungen gegen zahlreiche Angriffe in der Presse und in literarischen Zeitschriften zu rechtfertigen suchte, sind die Bemühungen um eine verbesserte Shakespeareübersetzung fortgesetzt worden (so von Walter Josten mit bisher 16 Shakespeare-Übersetzungen, Hedwig Schwarz, Rudolf Alexander Schröder, Richard Flatter u. a.), ohne daß bis heute allerdings das Ziel auch nur annähernd erreicht worden wäre. Dem seit langem im Mittelpunkt der öffentlichen Kritik stehenden Shakespeare-Übersetzer Rothe fehlen sowohl die wissenschaftlichen Voraussetzungen als auch die künstlerische Gabe, Shakespeare in deutscher Sprache wirklich echt zu gestalten und dichterisch nachzuschaffen, was dem Werke von Schlegel und Tieck den unvergleichlichen Zauber gibt. Gegen die Schlegel-Tiecksche Übersetzung wird von den neuen Shakespeare-Übersetzern eingewendet, daß ihr romantisches Deutsch, so schön es auch sein mag, nicht der barocken, dramatischen und kraftvollen Sprache Shakespeares entspreche, daß es veraltet, schwer verständlich und die Übersetzung auf Grund des über hundert Jahre zurückliegenden Wissens um Shakespeare und seine Sprache oft fehlerhaft sei.

Die in Jahrzehntabständen stattfindenden Shakespeare-Festwochen in Bochum unter der Leitung des 1951 verstorbenen Saladin Schmitt, des Intendanten der Städtischen Bühnen Bochums, haben sich zu repräsentativen Ereignissen ausgeweitet. Sie begannen 1927 mit der Aufführung des großartigen Königsdramenzyklus, dem 1937 die Römerdramenreihe folgte und 1947 unter gänzlich veränderten Zeitumständen eine halbwöchige Festaufführung mit der Neugestaltung je einer Tragödie, Komödie und Historie (Hamlet, Wie es Euch gefällt, Richard II.) auf der Notbühne des Parkhauses, das bei den gewaltigen Kriegszerstörungen dieser Stadt verschont geblieben war.

Die in den 20er Jahren in Deutschland unternommenen Verfilmungsversuche Shakespearescher Stücke, „Othello" 1922, „Der Kaufmann von Venedig" 1923 und „Ein Sommernachtstraum" 1925 mit bekannten Schauspielern wie Albers, Brausewetter, Jannings, Krauß, Liedtke, Loos, Henny Porten, sind nicht fortgesetzt worden.

Die deutsche Shakespearewissenschaft ist durch Nikolaus Delius (1813—1888), den Herausgeber der Shakespearewerke (1854/61), begründet worden. Großes Verdienst um die Förderung und Verbreitung der Kenntnis und der Pflege Shakespeares in Deutschland hat sich die am 23. April 1864, dem Tage der 300. Wiederkehr von Shakespeares Geburtstag, in Weimar gegründete Deutsche Shakespeare-Gesellschaft erworben. Ihr jetziger Präsident, der Dichter Dr. Rudolf Alexander Schröder, der am 26. Januar 1953 in Bremen hochgeehrt seinen 75. Geburtstag feierte, kann auf bedeutende Vorgänger zurückblicken wie Prof. Dr. Saladin Schmitt (gest. 1951), den langjährigen Intendanten der berühmten Bochumer Bühne, die Anglisten Alois Brandl (gest. 1940) und Wolfgang Keller (gest. 1943). Die beiden letzteren haben sich durch Forschungen und Textausgaben der Shakespeareschen Werke sowie durch die Leitung des im Auftrage der Deutschen Shakespeare-Gesellschaft herausgegebenen Shakespeare-Jahrbuches verdient gemacht, das nach Kellers Tode von dem Anglisten Max Deutschbein (gest. 1949) fortgeführt wurde und jetzt von dem Freiburger Anglisten Hermann Heuer herausgegeben wird. Alljährlich hält die Deutsche Shakespeare-Gesellschaft zur traditionellen Zeit vom 22. bis 24. April eine Shakespeare-Tagung mit Shakespeare-Festvorstellungen ab, deren Tagungsort nach dem letzten Kriege einstweilen von Weimar nach Bochum verlegt worden ist. Die unselige Spaltung unseres deutschen Vaterlandes hat zur Eröffnung einer zweiten Hauptgeschäftsstelle in Bochum (Rathaus) neben der bisherigen in Weimar (Landesbibliothek) geführt.

Ein eindringlicher Beweis für die wahrhaft innere Verbundenheit des deutschen Volkes mit Shakespeare ist die Tatsache, daß nach dem furchtbaren Zusammenbruch Deutschlands nach dem zweiten Weltkrieg Shakespeare der erste, allererste gewesen ist, den es unter den Dichtern und Weisen der Welt in seiner geistigen Not zur Hilfe gerufen hat (vgl. „Shakespeare-Jahrbuch“ 1946/47).

Literatur:

Friedrich Gundolf, Shakespeare und der deutsche Geist (Berlin, Bondi, 1911, 1927[8]; Godesberg, Küpper, 1947[10]).

W. Deetjen, Shakespeare-Aufführungen unter Goethes Leitung (in: „Shakespeare-Jahrbuch“, Bd. 68, 1932).

M. Hecker, Shakespeares Bild im Spiegel deutscher Dichtung (ibid.).

H. Kindermann, Shakespeare und das deutsche Volkstheater (in: „Shakespeare-Jahrbuch“, Bd. 72, 1936).

Hans Durian, Jocza Savits (1937).

R. Pascal, Shakespeare in Germany 1740—1815 (Cambridge UP., 1937).

W. Stroedel, Shakespeare auf der deutschen Bühne vom Ende des Weltkrieges bis zur Gegenwart (Weimar, Böhlau, 1939).

W. Stroedel, Theaterschau 1947—1950 (in: „Shakespeare-Jahrbuch“ 1950, S. 229—236).

W. Stroedel, Bühnenbericht 1950—1952 (in: „Shakespeare-Jahrbuch“ 1952, S. 174—180).

H. Schöffler, Shakespeare und der junge Goethe (in: „Shakespeare-Jahrbuch“, Bd. 76, 1940).

H. Oppel, Das Shakespeare-Bild Goethes (Mainz, Kirchheim, 1949).

R. A. Schröder, Goethe und Shakespeare (in: „Shakespeare-Jahrbuch“ 1950, S. 17—39).

G. F. Hering, Grabbe und Shakespeare (in: „Shakespeare-Jahrbuch“, Bd. 77, 1941).

E. Görlich, Grillparzer und Shakespeare (in: „Shakespeare-Jahrbuch“, Bd. 78/79, 1943).
F. A. Voigt, Gerhart Hauptmann und Shakespeare (ibid.).
F. A. Voigt und W. A. Reichart, Hauptmann und Shakespeare (Goslar, Dt. Volksbücherei, 1947²).
W. Galambos, G. Hauptmanns Interesse für Shakespeares Hamlet (Diss., Wien 1948).
H. Rehder, Novalis and Shakespeare (in: „Publications of the Modern Language Association of America“, vol. 63, No. 2, Part 1, June 1948).
F. Blättner, Das Shakespeare-Bild Herders (in: 'Vom Geist der Dichtung', Gedächtnisschrift für Robert Petsch, Hamburg 1949).
K. Wittlinger, Hans Rothe und die Shakespeare-Forschung [gegen Rothe] (in: „Shakespeare-Jahrbuch“ 1952, S. 158—173).
Paul Rilla, Literatur: Kritik und Polemik. Darin: 'Shakespeare-Übersetzung', S. 104—119 [gegen Rothe] (Berlin, B. Henschel, 1950).
E. L. Stahl, Shakespeare und das deutsche Theater: Wanderung und Wandelung eines Werkes in dreieinhalb Jahrhunderten. Mit Bilddokumenten, zusammengestellt von C. Niessen (Stuttgart, W. Kohlhammer, 1947). Die beste Theatergeschichte über Shakespeare in deutscher Sprache.

William Shakespeare. Dramatische Werke. Übersetzt von August Wilhelm von Schlegel und Ludwig Tieck. Erster Band: Komödien. Zweiter Band: Historien. Dritter Band: Tragödien. Berlin, Verlag Lambert Schneider, 1939. (Der Verleger ist hier zugleich der Herausgeber. Frühere verdiente Herausgeber des Schlegel-Tieckschen Textes sind vor allem Michael Bernays 1891, Alois Brandl 1897/9 und Wolfgang Keller 1912.)
William Shakespeare. Dramatische Werke. Übersetzt von August Wilhelm v. Schlegel und Ludwig Tieck. Hrsg. und revid. von Hans Matter. Bd. 1—10. Basel, Birkhäuser, 1943.
William Shakespeare. Neu übersetzt von Richard Flatter. Bis jetzt Bd. I und II (Wien—Zürich, W. Krieg, 1952 und 1953).

Namenverzeichnis

Sachverzeichnis

Gesamt-Verzeichnis

SAMMLUNG GÖSCHEN

Jeder Band DM 2,40

Naturwissenschaften und Technik

Mathematik

Geschichte der Mathematik. Von J. E. Hofman. I.: Von den Anfängen bis zum Auftreten von Fermat und Descartes. 199 S. 1952 . . . . . . Bd. 226

Mathematische Formelsammlung. Von F. Ringleb. 5., verbesserte Aufl. Mit 57 Fig. 274 S. 1949 . . . . . . Bd. 51

Formelsammlung zur praktischen Mathematik. Von G. Schulz. Durchgesehener Neudruck. Mit 10 Abb. 147 S. 1945 . . . . . . Bd. 1110

Fünfstellige Logarithmen. Mit mehreren graphischen Rechentafeln und häufig vorkommenden Zahlwerten. Von A. Adler. 2. Aufl. Neudruck. Mit 1 Tafel. 127 S. 1949 Bd. 423

Einführung in die Zahlentheorie. Von A. Scholz. 2. Aufl. 136 S. In Vorbereitung . . . . . . Bd. 1131

Arithmetik, Von P. B. Fischer. 2. Aufl. Neudruck. Mit 19 Abb. 152 S. 1951. In Vorbereitung . . . . . . Bd. 47

Elementare und klassische Algebra vom modernen Standpunkt. Von W. Krull. 2., erweiterte Aufl. I.: 136 S. 1952 Bd. 930

Höhere Algebra. Von H. Hasse. I.: Lineare Gleichungen. 3., verbess. Aufl. 152 S. 1951 . . . . . . Bd. 931

II.: Gleichungen höheren Grades. 3., verbess. Aufl. 5 Fig. 158 S. 1951 . . . . . . Bd. 932

Aufgabensammlung zur höheren Algebra. Von H. Hasse und W. Klobe. 2., vermehrte u. verbesserte Aufl. 1952 Bd. 1082

Determinanten. Von P. B. Fischer. 4., umgearb. Aufl. Neudruck. 116 S. 1952. In Vorbereitung . . . . . . Bd. 402

Gruppentheorie. Von L. Baumgartner. 2. Aufl. Mit 6 Fig. 115 S. 1949 . . . . . . Bd. 837

Mengenlehre. Von E. Kamke. 3. Aufl. Mit 6 Fig. 160 S. 1952. In Vorbereitung . . . . . . Bd. 999

Elemente der Funktionentheorie. Von K. Knopp. 3. Aufl. Mit 23 Fig. 144 S. 1949 . . . . . . Bd. 1109

Funktionentheorie. Von K. Knopp. I.: Grundlagen der allgemeinen Theorie der analytischen Funktion. 7. Aufl. Mit 8 Fig. 139 S. 1949 . . . . . . Bd. 668

II.: Anwendungen und Weiterführung der allgemeinen Theorie. 7. Aufl. Mit 7 Fig. 130 S. 1949 . . . . . . Bd. 703

Maßanalyse. Theorie und Praxis d. klass. und der elektrochem. Titrierverf. Von G. Jander. I.: 6. Aufl. mit 18 Fig. 140 S. 1953. Bd. 221
II.: 6. Aufl. mit 24 Fig. 139 S. 1953 . . . . Bd. 1002

Aufgabensammlung zur Funktionentheorie. Von K. Knopp. I.: Aufgaben zur elementaren Funktionentheorie. 4. Aufl. 135 S. 1949. Bd. 877
II.: Aufgaben zur hoheren Funktionentheorie. 4. Aufl. 151 S. 1949. Bd. 878

Gewöhnliche Differentialgleichungen. Von G. Hoheisel. 4., neubearbeitete Aufl. 129 S. 1951 . . . . Bd. 920

Partielle Differentialgleichungen. Von G. Hoheisel. 3., neubearb. Aufl. 130 S. 1952. In Vorbereitung . . . . . . Bd. 1003

Aufgabensammlung zu den gewöhnlichen und partiellen Differentialgleichungen. Von G. Hoheisel. 2., umgearb. Luf . 124 S 1952 . . . . Bd. 1059

Differentialrechnung. Von A. Witting. 3., neubearb. Aufl. Durchgesehener Neudruck. Mit 95 Fig. und 200 Beispielen. 201 S. 1949 . . . . Bd. 87

Repetitorium und Aufgabensammlung zur Differentialrechnung. Von A. Witting. 2. Aufl. Neudruck. 122 S. 1949 . . . . Bd. 146

Integralrechnung. Von A. Witting. 2. verbesserte Aufl. Durchgesehener Neudruck. Mit 62 Fig. und 190 Beispielen. 176 S. 1949 . . . . Bd. 88

Repetitorium und Aufgabensammlung zur Integralrechnung. Von A. Witting. 2. Aufl. Neudruck. 121 S. 1949 . . . Bd. 147

Einführung in die konforme Abbildung. Von L. Bieberbach. 4. Aufl. Mit 42 Zeichnungen. 147 S. 1949 . . . . . . Bd. 768

Darstellende Geometrie. Von R. Haussner. 1. Teil: Elemente, ebenflächige Gebilde. 6., unveränderte Aufl. Mit 110 Fig. 207 S. 1947 . . . . Bd. 142
2. Teil: Perspektive ebener Gebilde, Kegelschnitte. 5., unveränderte Aufl. Mit 88 Fig. 168 S. 1947 . . . . . Bd. 143

Sammlung von Aufgaben und Beispielen zur analytischen Geometrie der Ebene. Von R. Haussner. Neudruck. Mit 22 Fig. 139 S. 1949 . . . . Bd. 256

Ebene und sphärische Trigonometrie. Von G. Hessenberg. 4. Aufl., Neudruck. 1952 . . . . Bd. 99

Nichteuklidische Geometrie. Hyperbolische Geometrie der Ebene. Von R. Baldus. 3., verbess. Aufl. durchges. von F. Löbell. Mit 70 Fig. 140 S. 1952. In Vorbereitung. . Bd. 970

Vermessungskunde. Von P. Werkmeister. I.: Stuckmessung und Nivellieren. 9. Aufl. Mit 145 Fig. 172 S. 1949 . . Bd. 468
II.: Messung von Horizontalwinkeln. Festlegung von Punkten im Koordinatensystem. Absteckungen. 7. Aufl. Mit 63 Fig. 151 S. 1949 . . . . Bd. 469
III.: Trigonometrische und barometrische Höhenmessung Tachymetrie und Topographie. 6. Aufl. Mit 64 Fig. 147 S. 1949. Bd. 862

Vektoranalysis. Von S. Valentiner. 7., wesentlich veränderte Aufl. Mit 19 Fig. 138 S. 1950 . . . . Bd. 354

Versicherungsmathematik. Von F. Böhm. I.: Elemente d. Versicherungsrechnung, 2. verm. u. verb. Aufl. 149 S. Neudruck 1953. . . . . Bd. 180
II.: Lebensversicherungsmathematik, Einfuhrung in die technischen Grundlagen der Sozialversicherung. 2. verm. u. verb. Aufl. 205 S. 1953 . . . . Bd. 917/17a

Physik / Chemie / Allgemeine, anorganische, organische und experimentelle Chemie / Elektrochemie / Technologie

Physikalische Formelsammlung. Von G. u. K. Mahler. 8., verbesserte Aufl. Mit 69 Fig. 153 S. 1950 . . . . . Bd. 136
Physikalische Aufgabensammlung. Von G. u. K. Mahler. Mit den Ergebnissen. 7., verbess. Aufl. 127 S. 1952 . Bd. 243
Differentialgleichungen der Physik. Von E. Sauter. 2. Aufl. Mit 16 Fig. 148 S. 1950 . . . . Bd. 1070
Einführung in die Kristalloptik. Von E. Buchwald. 4., verbess. Aufl. Mit 121 Fig. 138 S. 1952 . . . . Bd. 619
Geschichte der Chemie. Von G. Lockemann. Bd. I: Vom Altertum bis zur Entdeckung des Sauerstoffs. Mit 8 Bildnissen. 142 S. 1950 . . . . Bd. 264
Allgemeine und physikalische Chemie. Von W. Schulze. I. Teil: 3., durchgesehene Aufl. Mit 22 Fig. 146 S. 1949 Bd. 71
II. Teil: 3., durchgesehene Aufl. Mit 36 Fig. 160 S., 1949 Bd. 698
Physikalisch-Chemische Rechenaufgaben. Von E. Asmus. 2. Aufl. 96 S, 1949 . . . . Bd. 445
Anorganische Chemie. Von W. Klemm. 7. Aufl. Mit 18 Abb. 184 S. 1952. Bd. 37
Thermochemie. Von W. A. Roth. 3. Aufl. Mit 16 Fig. 109 S. 1952 . . . . Bd. 1057
Stöchiometrische Aufgabensammlung. Mit den Ergebnissen. Von W. Bahrdt und R. Scheer. 5., verbess. Aufl. Mit 120 S. 1952. . . . . Bd. 452
Analytische Chemie. Von J. Hoppe. I.: Reaktionen. 5., verbesserte Aufl. 135 S. 1950 . . . . Bd. 247
II.: Gang der qualitativen Analyse. 5., verbesserte Aufl. 168 S. 1950. . . . . Bd. 248
Elektrochemie und ihre physikalisch-chemischen Grundlagen. Von A. Dassler. Bd. I: Mit 21 Abb. 149 S. 1950 Bd. 252
Bd. II: Mit 17 Abb. 178 S. 1950 . . . . Bd. 253
Warenkunde. Von K. Hassak und E. Beutel. 7. Auflage, neu bearbeitet von A. Kutzelnigg. Bd. I: Anorganische Waren sowie Kohle und Erdol. Mit 19 Fig. 116 S. 1947 Bd. 222
Bd. II: Organische Waren. Mit 32 Fig. 143 S. 1949 . . Bd. 223
Die Fette und Öle. Von K. Braun. 5., vollständig neubearb. und verbess. Aufl. von Th. Klug. 145 S. 1950 . . . . Bd. 335
Die Seifenfabrikation. Von K. Braun. 3., vollständig neubearb. und verbess. Aufl. von Th. Klug. Mit 18 Abb., etwa $7^1/_2$ Bogen. 1953 . . . . Bd. 336

Naturwissenschaften / Biologie / Botanik / Zoologie Land- und Forstwirtschaft

Hormone. Von G. Koller. 2. Aufl. Mit 60 Abb. und 19 Tab. 187 S. 1949. Bd. 1141
Geschlecht und Geschlechtsbestimmung im Tier- und Pflanzenreich. Von M. Hartmann. 2. Aufl. Mit 62 Abb. 155 S. 1951. . . . . Bd. 1127
Fortpflanzung im Tier- und Pflanzenreich. Von J. Hämmerling. 2., ergänzte Aufl. Mit 101 Abb. 135 S. 1951 . . Bd. 1138
Grundriß der allgemeinen Mikrobiologie. Von W. Schwartz. Bd. I: Mit 17 Abb. 104 S. 1949 . . . . Bd. 1155
Bd. II: Mit 12 Abb. 93 S. 1949 . . . . Bd. 1157
Symbiose der Tiere mit pflanzlichen Mikroorganismen. Von P. Buchner. 2., verbesserte und vermehrte Aufl. Mit 121 Abb. 130 S. 1949 . . . . Bd. 1128

Entwicklungsgeschichte des Pflanzenreiches. Von H. Heil. 2. Aufl. Mit 94 Abb. und 1 Tab. 138 S. 1950 . . . . Bd. 1137
Morphologie der Pflanzen. Von L. Geitler. 3. Aufl. Mit 114 Abb. 126 S. 1952 . . . . Bd. 141
Pflanzenzüchtung. Von H. Kuckuck. I: Grundzuge 3., umgearb. u. erw. Aufl. M. 22 Abb. 132 S. 1952 . . . . Bd. 1134
Die Laubhölzer. Von F. W. Neger und E. Münch. 3., Aufl., hrsg. von B. Huber. M. 63 Fig. u. 7 Tab. 142 S. 1950 . . Bd. 718
Die Nadelhölzer (Koniferen) und ubrigen Gymnospermen. Von F. W. Neger und E. Munch. 4. Aufl., hrsg. von B. Huber. Mit 75 Fig., 4 Tab. und 3 Karten. 140 S. 1952 Bd. 355
Das Tierreich IV/3: Insekten. Von H. v. Lengerken. 128 S. mit 58 Abb. 1953. In Vorbereitung . . . . Bd. 594
Vergleichende Physiologie der Tiere. Von K. Herter. I.: Stoff- und Energiew. 3. Aufl. Mit 64 Abb. 155 S. 1950 Bd. 972
II.: Bewegung und Reizerscheinungen. 3. Aufl. Mit 110 Abb. 148 S. 1950 . . . . Bd. 973
Landwirtschaftliche Tierzucht. Die Zuchtung und Haltung der landwirtschaftlichen Nutztiere. Von H. Vogel. Mit 11 Abb. 139 S. 1952. . . . . Bd. 228
Kulturtechnische Bodenverbesserungen. Von O. Fauser. I.: Allgemeines, Entwasserung. 4., neubearbeitete Aufl. Mit 47 Abb. 122 S. 1947. . . . . Bd. 691
II.: Bewasserung, Ödlandkultur, Umlegung. 4., neubearbeitete Aufl. Mit 67 Abb. 150 S. 1948 . . . . . Bd. 692

Geologie / Mineralogie / Kristallographie

Petrographie. Von W. Bruhns und P. Ramdohr. 3., durchgesehene Aufl. Mit 10 Fig. 117 S. 1949 . . . . Bd. 173
Kristallographie. Von W. Bruhns und P. Ramdohr. 4. Aufl. 1952. In Vorbereitung . . . . Bd. 210
Einführung in die Kristalloptik. Von E. Buchwald. 4., verb. Aufl. Mit 121 Fig. 138 S. 1952. . . . . Bd. 619
Lötrohrprobierkunde. Mineraldiagnose mit Lotrohr und Tupfelreaktion. Von M. Henglein. 3., verbesserte Aufl. Mit 11 Fig. 91 S. 1949 . . . . Bd. 483

Ingenieurwissenschaften

Allgemeines / Maschinenbau / Hoch- und Tiefbau Elektrotechnik / Wasserbau

Technische Tabellen und Formeln. Von W. Muller. 4., uberarbeitete Aufl. Von E. Schulze. Mit 105 Fig. 152 S. 1951 Bd. 579
Dynamik. Von W. Muller. I.: Dynamik des Einzelkorpers. 2., verbesserte Aufl. Mit 70 Fig. 160 S. 1952 . . . . Bd. 902
II.: Systeme von starren Korpern. 2., verbess. Aufl. Mit 41 Fig. 102 S. 1952 . . . . Bd. 903
Technische Thermodynamik. Von W. Nusselt. I.: Grundlagen. 3., verbess. Aufl. Mit 71 Abb. 144 S. 1950 . . . Bd. 1084
II.: Theorie der Warmekraftmaschinen. Neudruck. Mit 87 Abb. und 32 Zahlentafeln. 144 S. 1951 . . . . . . Bd. 1151
Festigkeitslehre. Von W. Gehler und W. Herberg. I.: Elastizitat, Plastizitat und Festigkeit der Baustoffe und Bauteile. Neudruck. Mit 118 Bild. 159 S. 1952 . . . . . . Bd. 1144

Technische Schwingungslehre. Von L. Zipperer. I: Allgem. Schwingungs-Gleichungen, Einfache Schwinger. Mit 101 Abb. 2., neubearb. Aufl. 120 S. 1953 . . . . Bd. 953
Metallkunde. Von H. Borchers. I.: Aufbau der Metalle und Legierungen. Mit 2 Tab. und 90 Abb. 2. Aufl. 110 S. 1950 Bd. 432
II.: Eigenschaften, Grundzuge der Form und Zustandsgebung. 2. Aufl. Mit 8 Tab., 100 Abb. 154 S. 1952 . . Bd. 433
Getriebelehre. Von P. Grodzinski und H. Polster. I.: Geometrische Grundlagen. 2. Aufl. Mit 127 Fig. 1952 . . Bd. 1061
Die Maschinenelemente. Von E. vom Ende. 2., verbesserte Aufl. Mit 173 Fig. und 12 Taf. 159 S. 1950 . . . . . Bd. 3
Das Maschinenzeichnen mit Einführung in das Konstruieren. Von W. Tochtermann. I.: Das Maschinenzeichnen. 4. Aufl. Mit 77 Taf. 156 S. 1950 . . . . Bd. 589
II.: Ausgef. Konstruktionsbeisp. 4. A. M. 58 T. 130 S. 1950 Bd. 590
Die Dampfkessel und Feuerungen einschließlich Hilfseinrichtungen V. W. Marcard. 2. Aufl., neubearb. v. K. Beck. I.: Die theoretischen Grundlagen. Warme, Verbrennung, Wärmeubertragung. Mit 42 Abb. u. 16 Tab. 150 S. 1951 Bd. 9
II.: Dampfkessel. Mit 53 Abb. 147 S. 1952 . . . . . Bd. 521
Gießereitechnik. Von H. Jungbluth. I. Teil: Eisengießerei. Mit 44 Abb. 126 S. 1951 . . . . Bd. 1159
Autogenes Schweißen und Schneiden. Von H. Niese. 5. Aufl. von A. Kuchler. Mit 71 Fig. 136 S. 1952. In Vorbereitung Bd. 499
Die wichtigsten Baustoffe des Hoch- und Tiefbaues. Von O. Graf. 3., verbesserte Aufl. Mit 58 Abb. 136 S. 1947. Bd. 984
Grundlagen des Stahlbetonbaues. V. A. Troche. 2., erw. A. M. 75 A., 17 Bemessungst. u. 26 Rechenbeisp. 206 S. 1953 Bd. 1078
Fenster, Türen, Tore aus Holz und Eisen. Von W. Wickop. 3., uberarb. und ergänzte Aufl. Mit 96 Abb. 154 S. 1949 Bd. 1092
Heizung und Lüftung. Von J. und W. Korting. I.: Das Wesen u. die Berechn. der Heizungs- u. Luftungsanlagen. 8. Aufl. Mit 29 Abb. und 18 Zahlentafeln. 140 S. 1951 Bd. 342
II.: Die Ausführung der Heizungs- u. Luftungsanlagen. 8. Aufl. 1952. In Vorbereitung . . . . Bd. 343
Die Gleichstrommaschine. Von K. Humburg. I.: Durchgesehener Neudruck. Mit 59 Abb. 102 S. 1949 . . . . Bd. 257
II.: Durchgesehener Neudruck. Mit 38 Abb. 98 S. 1949 Bd. 881
Die synchrone Maschine. Von K. Humburg. Neudruck. Mit 78 Bildern. 109 S. 1951 . . . . Bd. 1146
Transformatoren. Von W. Schafer. 2. Aufl. Mit 74 Abb. 128 S. 1949. . . . . Bd. 952
Die komplexe Berechnung von Wechselstromschaltungen. Von H. H. Meinke. Mit 114 Abb. 160 S. 1949 . . . . Bd. 1156
Theoretische Grundlagen zur Berechnung der Schaltgeräte. Von F. Kesselring. 3. Aufl. Mit 92 Abb. 144 S. 1950 . Bd. 711
Elektromotorische Antriebe. (Grundlagen fur die Berechn.) Von A. Schwaiger. 3. Aufl. Mit 34 Abb. 95 S. 1952 . . . Bd. 827
Überspannungen und Überspannungsschutz. Von G. Fruhauf. Durchges. Neudruck. Mit 98 Abb. 122 S. 1950 . . Bd. 1132
Talsperren. Von F. Tölke. Mit 70 Abb. 122 S. 1953 . . Bd. 1044
Verkehrswasserbau. Von H. Dehnert. I.: Entwurfsgrundlagen, Flußregelungen. Mit 52 Textabb. 103 S. 1950 . Bd. 585
II.: Flußkanalisierungen und Schiffahrtskanäle. Mit 60 Textabb. 94 S. 1950 . . . . Bd. 597
III.: Schleusen und Hebewerke. Mit 70 Textabb. 98 S. 1950 . . . . Bd. 1152
Wehr- und Stauanlagen. Von H. Dehnert. Mit 90 Abb. 134 S. 1952. . . . . Bd. 965

Geisteswissenschaften

Philosophie / Psychologie

Einführung in die Philosophie. Von H. Leisegang. 145 S. 1951 — Bd. 281

Hauptprobleme der Philosophie. Von G. Simmel. 7., unveränderte Auflage. 177 S. 1950 . . . . Bd. 500

Erkenntnistheorie. I.: Allgemeine Grundlegung. Von G. Kropp. 143 S. 1950 . . . . Bd. 807

Geschichte der Philosophie I. Die griechische Philosophie. I. Teil: Von Thales bis Leukippos. Von W. Capelle. 2. Aufl. 132 S. 1952 . . . . Bd. 857

Geschichte der Philosophie VII. Die Philosophie des 19. Jahrh. I. Teil: Von G. Lehmann. Etwa 144 S. 1952. In Vorb. Bd. 571

Die geistige Situation der Zeit (1931). Von K. Jaspers. 2., unveranderter Abdruck der im Sommer 1932 bearbeiteten 5. Aufl. 232 S. 1949. Neudruck in Vorbereitung . Bd. 1000

Philosophisches Wörterbuch. Von M. Apel. 3., neubearb. Aufl. 260 S. 1950 . . . . Bd. 1031

Therapeutische Psychologie (Freud, Adler, Jung). Von W. M. Kranefeldt. 2. Aufl. 152 S. 1950 . . . . Bd. 1034

Religionswissenschaften

Jesus. Von M. Dibelius. 2. Aufl. Neudruck. 141 S. 1949 Bd. 1130

Paulus. Von M. Dibelius. Herausgegeben und zu Ende geführt von W. G. Kümmel. 155 S. 1951 . . . . . . Bd. 1160

Musik / Kunst

Musikästhetik. Von H. J. Moser. Etwa 144 S. 1952 In Vorb. Bd. 344

Systematische Modulation. Von R. Hernried. 2. Aufl. 136 S. 1950 . . . . Bd. 1094

Der polyphone Satz. I. Der cantus-firmus-Satz. Von E. Pepping. 2. Aufl. 223 S. 1950 . . . . Bd. 1148

Die Musik des 19. Jahrhunderts. Von W. Oehlmann. 180 S. 1952. In Vorbereitung . . . . Bd. 170

Stilkunde. I. Vorzeit, Antike, Mittelalter. Von H. Weigert. 2. Aufl. Mit 94 Abb. 136 S. 1952. In Vorbereitung . . Bd. 80
II. Spätmittelalter und Neuzeit. 2. Aufl. Mit 84 Abb. 147 S. 1952. In Vorbereitung . . . . Bd. 781

Geschichte

Allgemeines / Vor- und Frühgeschichte / Altertum, Mittelalter und Neuzeit / Kulturgeschichte

Einführung in die Geschichtswissenschaft. Von P. Kirn. 2. Aufl. 121 S. 1952 . . . . Bd. 270

Kultur der Urzeit. Bd. I: Die vormetallischen Kulturen. (Die Steinzeiten Europas. Gleichartige Kulturen in anderen Erdteilen.) Von F. Behn. 4. Aufl. Mit 48 Abb. 172 S. 1950. Bd. 564

Bd. II: Die älteren Metallkulturen. (Der Beginn der Metallbenutzung. Kupfer- und Bronzezeit in Europa, im Orient und Amerika.) 4. Aufl. Mit 67 Abb. 160 S. 1950 Bd. 565

Bd. III: Die jüngeren Metallkulturen. (Das Eisen als Kulturmetall. Hallstatt- und Latène-Kultur in Europa. Das erste Auftreten des Eisens in den anderen Weltteilen.) 4. Aufl. Mit 60 Abb. 149 S. 1950 . . . . . . Bd. 566

Vorgeschichte Europas. Von F. Behn. 7. Aufl. Mit 47 Abb. 125 S. 1949 . . . . Bd. 42

Archäologie. Von A. Rumpf. I. 136 S. 1952 . . . . . Bd. 538

Zeitrechnung der römischen Kaiserzeit, des Mittelalters und der Neuzeit. Für die Jahre 1 – 2000 n. Chr. Von H. Lietzmann. 2. Aufl. V. A. Hofmeister. 126 S. 1952. In Vorb. Bd. 1085

Quellenkunde der deutschen Geschichte im Mittelalter. (Bis zur Mitte des 15. Jh.) I. Einl. Allgem. Teil. Die Zeit der Karolinger. Von K. Jacob. 5. Aufl. 118 S. 1949 . . . Bd. 279

II. Die Kaiserzeit (911 – 1250). 4. Aufl. 127 S. 1949 . Bd. 280

III. Das Spätmittelalter (v. Interregnum bis 1500). Unt. Verw. d. Nachl. v. K. Jacob. Hsg. v. F. Weden. 152 S. 1952 Bd. 284

Von den Karolingern zu den Staufern. Die altdeutsche Kaiserzeit (900 – 1250). Von J. Haller. 3. Aufl. Mit 4 Karten. 141 S. 1944 . . . . Bd. 1065

Deutsche Geschichte im ZA. der Reformation, der Gegenreform. u. d. 30jähr. Krieges. Von F. Hartung. 129S. 1951 Bd. 1105

Geschichte Englands. Teil I: bis 1815. Von H. Preller. 3., stark umgearbeitete Aufl. Mit 2 Karten. 135 S. 1952 Bd. 375

Sprach- und Literaturwissenschaft

Indogermanisch / Germanisch

Gotisches Elementarbuch. Grammatik, Texte mit Übers. und Erl. Von H. Hempel. 2. umg. Aufl. 165 S. 1953 Bd. 72

Indogermanische Sprachwissenschaft. Von H. Krahe. 2. Auflage. 134 S. 1948 . . . . Bd. 59

Germanische Sprachwissenschaft. Bd. I: Einleitung und Lautlehre. Von H. Krahe. 2. Aufl. 127 S. 1948 . . . Bd. 238

Bd. II: Formenlehre. 2. Aufl. 140 S. 1948 . . . . . . Bd. 780

Altnordisches Elementarbuch. Schrifttum, Sprache, Texte m. Übers. u. Wörterb. V. F. Ranke. 2. Aufl. 146 S. 1949 Bd. 1115

Deutsche Sprache und Literatur

Deutsche Wortkunde. Eine kulturgeschichtliche Betrachtung des deutschen Wortschatzes. Von A. Schirmer. 3. Aufl. 109 S. 1949 . . . . Bd. 929

Deutsches Dichten und Denken von der germanischen bis zur staufischen Zeit. (Deutsche Literaturgeschichte vom 5. bis 13. Jahrh.) Von H. Naumann. 2., verbess. Aufl. 166 S. 1952 . . . . Bd. 1121

Deutsche Sprachlehre. Von W. Hofstaetter. 9., neubearb. Aufl. von G. Spree. 144 S. 1952 . . . . Bd. 20

Sprechen und Sprachpflege. Von H. Feist. 2. Aufl. Mit 25 Abb. 99 S. 1952 . . . . Bd. 1122

Der Nibelunge Not. In Auswahl mit kurzem Wörterbuch. Von K. Langosch. 9., umgearbeitete Aufl. 163 S. 1952 Bd. 1

Deutsches Dichten und Denken vom Mittelalter zur Neuzeit. (1270–1700.) Von G. Muller. 2. Aufl. 159 S. 1949 . . Bd. 1086
Deutsches Dichten und Denken von der Aufklärung bis zum Realismus. (1700–1890.) Von K. Viëtor. 2. Aufl. 156 S. 1949 . . . . Bd. 1096

Englische Sprache / Romanische Sprache und Literatur

Altenglisches Elementarbuch. Einfuhrung, Grammatik. Texte mit Übersetzung und Worterbuch. Von M. Lehnert. 2., verbesserte und vermehrte Aufl. 176 S. 1950 Bd. 1125
Beowulf. Eine Auswahl mit Einfuhrung, teilweiser Übersetzung, Anmerkungen und etymologischem Worterbuch. Von M. Lehnert. 2., verbesserte Aufl. 135 S. 1949. . Bd. 1135
Italienische Literaturgeschichte. Von K. Voßler. Unveranderter Nachdruck der 1927 erschienenen 4., durchgesehenen und verbesserten Aufl. 148 S. 1948 . . . Bd. 125

Griechisch / Lateinisch

Griechische Sprachwissenschaft. Von W. Brandenstein. In Vorbereitung . . . . Bd. 117
Geschichte der griechischen Sprache. I. Bis z. Ausg. der klass. Zeit. Von O. Hoffmann. 3., stark umg. Aufl. von A. Debrunner. 144 S. 1953. Im Druck . . . . Bd. 111
Geschichte der griechischen Literatur. I. Von den Anf. bis auf Alexander d. Gr. Von W. Nestle. 2., verb. Aufl. Neudruck. 148 S. 1950 . . . . Bd. 70
II. Von Alexander d. Gr. b. z. Ausg. d. Antike. 2., verb. Aufl. 128 S. 1945 . . . . Bd. 557
Geschichte der lateinischen Sprache. Von F. Stolz. 3., stark umgearbeitete Aufl. von A. Debrunner. 136 S. 1952 . Bd. 492

Orientalia / Russisch

Sanskrit-Grammatik. Von M. Mayrhofer. 89 S. 1952 . . Bd. 1158
Hebräische Grammatik. I. Band: Schrift-, Laut- und Formenlehre I. Von G. Beer. 2., vollig umgearb. Aufl. von R. Meyer. 157 S. 1952. . . . . Bd. 763/63a
Russische Grammatik. Von E. Berneker und M. Vasmer. 6., unveranderte Aufl. 155 S. 1947 . . . . Bd. 66

Erd- und Länderkunde

Kartenkunde. Von M. Eckert-Greiffendorff. Durchgesehen von W. Kleffner. 3. Aufl. Mit 63 Abb. 149 S. 1950 . . Bd. 30
Australien und Ozeanien. Von H.-J. Krug. Mit 46 Skizzen. 176 S. 1952. . . . . Bd. 319

Wirtschaftswissenschaften / Gesellschaftskunde

Allgemeine Betriebswirtschaftslehre. Von K. Mellerowicz. 3 Bde. I: 142 S., II: 112 S., III: 141 S. 7. Aufl. 1952 Bd. 1008 1153, 1154
Soziologie. Geschichte und Hauptprobleme. Von L. v. Wiese. 4. Aufl. 151 S. 1950 . . . . Bd. 101

FSC
www.fsc.org
MIX
Papier | Fördert gute Waldnutzung
FSC® C083411

Kolibri 360 GmbH
Ferdinand-Jühlke-Straße 7
99095 Erfurt, Deutschland
produktsicherheit@kolibri360.de